从乔伊斯到
马尔克斯

走进三十一位
现代文学大师
的世界

育邦　著

江苏凤凰文艺出版社
JIANGSU PHOENIX LITERATURE AND ART PUBLISHING, LTD

图书在版编目（CIP）数据

从乔伊斯到马尔克斯 / 育邦著. — 南京：江苏凤凰文艺出版社，2019.1（2020.10重印）

ISBN 978-7-5594-0704-7

Ⅰ. ①从… Ⅱ. ①育… Ⅲ. ①作家—列传—世界—现代 Ⅳ. ①K815.6

中国版本图书馆 CIP 数据核字(2018)第 273967 号

书　　名	从乔伊斯到马尔克斯
著　　者	育　邦
责任编辑	李　黎
出版发行	江苏凤凰文艺出版社
出版社地址	南京市中央路 165 号，邮编：210009
出版社网址	http://www.jswenyi.com
印　　刷	苏州越洋印刷有限公司
开　　本	880 毫米×1230 毫米　1/32
印　　张	10
字　　数	165 千字
版　　次	2019 年 1 月第 1 版
印　　次	2020 年 10 月第 4 次印刷
标准书号	ISBN 978-7-5594-0704-7
定　　价	40.00 元

目 录

“该死的荷马，该死的尤利西斯，该死的布鲁姆”

——乔伊斯与《尤利西斯》

詹姆斯·乔伊斯

在110多年前的1904年6月16日，在爱尔兰的首府都柏林，二十三岁的文学青年詹姆斯·乔伊斯与二十岁的酒店服务员诺拉约会散步。他们谈论些什么并不重要，重要的是这一天已经被人类文字如此生动而深入地锲刻进文学作品中。现在，这一天已经成为一个盛大的节日，叫布鲁姆日，它是根据乔伊斯的小说《尤利西斯》中的主人公来命名的。

“的里雅斯特—苏黎世—巴黎，1914—1921。”这是《尤利西斯》的最后一句话，跟小说情节无关，只是说明这部作品从什么时候、在哪些城市开始、继续与完成的。距第一次约会四个月后，乔伊斯和诺拉（即后来的乔伊斯夫人）离开了爱尔兰：他们背井离乡来到了的里雅斯特，接着是巴黎，最后是苏黎世——在这儿，乔伊斯于1941年去世，十年后诺拉离开人世。加上都柏林，四座城市，对于乔伊斯而言，就是他一生的旅程。

除去纪念他与诺拉的初次约会，1904年某一天发生的亲身经历的事件也是其最为重要的写作契机：乔伊斯在都柏林街上与他人发生冲突，一位中年人亨特把受伤的他扶起来送回了家。后来他听说亨特是一个颇受人歧视的犹太人，而且妻子对他不忠，亨特的精神状况令乔伊斯感怀至深。乔伊斯对弟弟斯坦尼洛斯·乔伊斯说，他想就此写一个短篇小说，题目就叫《尤利西斯》。直到1914年，乔伊斯才开始动手写该题材。在青年时代，乔伊斯就对尤利西斯(即奥德修斯)的评价甚高，他以为尤利西斯是高于哈姆雷特、堂吉诃德和浮士德的文学人物。他在尤利西斯身上看到了人类共同的特性。在乔伊斯看来，奥德修斯返回伊萨卡岛的历险，使得他成长为远比阿喀琉斯和阿伽门农更加伟大的英雄。而《尤利西斯》的主人公布鲁姆正是奥德修斯的现代化身。

在此之前，他完成了短篇小说集《都柏林人》，这是一部写实主义但充满诗意与顿悟色彩的小说集；首部长篇小说《一个青年艺术家的画像》，在这里，《尤利西斯》中的主要人物迪达勒斯已提前登场，一些开创性的现代主义写作技巧已逐渐展示出迷人的面目。

《尤利西斯》是一个集合体，它是作者看到、听到以及偷听到一切事物的精华萃取物。神圣与亵渎，严肃与滑稽，深刻与轻浮，晦涩与明快，意义重大与无关紧要，喧嚣与寂静……这些看似截然相反的性质全部有机地交织生长在一起，只为了写下1904年6月16日都柏林发生的18小时的故事。有阅读经验的读者看了《尤利西斯》之后，想必都会得出这样一个印象：这个故事实在是平淡无奇,既不能算是悲剧或者喜剧,又没有曲折动人的人生经历。它与英雄史诗中的人物尤利西斯相去甚远,主要写了一群都柏林人,最核心的就是三个人:替报纸拉广告的犹太人布鲁姆,他的妻子、女歌唱家摩莉,还有年轻教师迪达勒斯。此外还写了送牛奶的老太太、报童、女佣、护士、酒吧女侍、马车夫、妓女和老鸨。这些人物都是日常市井常见的凡夫俗子,芸芸众生。

乔伊斯用了15年时间完成了这部跨时代的巨著,其中正式写作用了7年光阴。在写作过程中,乔伊斯使尽了自己全部的精力和聪明才智,是的,他几乎熬瞎了双眼。他深入钻研都柏林的街道,他敏锐地探查人们藏匿甚深的秘密。一个标语口号都能给他以灵感,偷听来的阿谀奉承之语都被他有效地利用起来。从都柏林的朋友那里,他不厌其烦地打听妓院里自动钢琴的细节,他希望知道迪达勒斯在他亡母鬼魂出现时用梣木杖击碎的灯会是何样。大部分的时光里,乔伊斯每天工作十个小时,他装备齐全,他手边有韵书、地图、街道指南、《都柏林历史》,他死缠烂打地追问朋友们:商店的名称、通向埃克尔斯大街七号的台阶有多少级……他需要绝对精确的信息。尽管《尤利西斯》是一本充满想象力的作品,但它首先是一本严谨到极限的写实主义之作。正如乔伊斯的朋友、诗人庞德所言,准确的陈述是写作的第一要素。乔伊斯几乎刻板地遵循这一准则。对于都柏林的精确描述，乔伊斯以为，如果发生地震，可以依照《尤利西斯》重建这座城市。

他要他忠实的约瑟芬姨妈摊开一张大纸，在上面记下她突发的任何自认为讨厌、该死的奇思妙想。每写完一章，乔伊斯就像蝉蜕了一层皮，几乎崩溃，接近穆齐尔所言的那种"瘫痪时刻"，诺拉不得不一边照料他，一边对他大发牢骚："该死的荷马，该死的尤利西斯，该死的布鲁姆。"

从那些"瘫痪时刻"中恢复过来的乔伊斯会很快振作起来，教书、写作、下馆子、喝咖啡，他要到城市中任何有趣的地方去。他会到孔雀咖啡馆，向每个人询问他们最了解最熟悉的事情，他用纸条记下各种俗话俚语和奇闻轶事。在巴黎时，乔伊斯抓住来自都柏林的年轻诗人克拉克，向他打听都柏林学童中流行的最新色情故事。哦，他是一位白日梦专家，一位轶事挖掘者、色情故事的收集人、集梦爱好者……最终，他把他听来的笑话、色情故事、歌谣小曲、鸡零狗碎等等都写进书里，他的书既有广泛的普遍性，又有博大精深、洞察幽微的独特性，关键还生机勃勃，人物个个鲜活盎然。他成为新词语和新形式的创造者，成为创造《尤利西斯》的上帝。

小说分为18个章节，每个章节讲述一天中一个小时之内发生的事。每一章都有一个标题、一幅场景、一个时间点、一种人体器官、一门科学、一种颜色、一个象征和一种技巧。全书的故事从早上八点开始，一直到次日凌晨两点结束。我们随着作者的镜头，先后置身于炮塔、学校、海滩、家里、浴室、墓地、报社、小酒馆、图书馆、大街、音乐厅、又一个小酒馆、再次来到的海滩、妇产医院、妓院、家里和一张大床上。书中器官有腰子、生殖器、心脏、脑子、耳朵、眼睛、鼻子、子宫、神经、肌肉和骨架。每个章节都具有独特的叙事风格，且每一章都和《荷马史诗》之《奥德赛》的一个章节相对应，平凡的日常生活与伟大的英雄史诗构成反讽式的互文关系。小说将古希腊神话融入现代文学的叙事结构，在事无巨细地描述外部世界的同时，又有对人物内心世界的精彩刻画。他将诸多风格、手段熔于一炉，在形式上追求极致，设置繁复暗示性的迷宫，《尤利西斯》已然成为二十世纪现代主义文学的百科全书。互文、顿悟、对位、戏仿、拼贴、意识流（内心独白与自由联想）、狂欢化、碎片写作、新闻写作、象征隐喻、荒诞反讽……凡此种种，所有现代主义文学的手段几乎一次性地在《尤利西斯》里得到耀眼的爆发。乔伊斯自己说："它是一部关于两个民族（以色列—爱尔兰）的史诗，同时是一个周游人体器官的旅行，也是一个发生在一天（一生）之间的小故事……它也是一种百科全书。"

布鲁姆是小说中的尤利西斯，他是一个典型的食人间烟火的凡人，千千万万普罗大众中的一员。早晨，布鲁姆买了一副羊腰子，回到位于埃克尔斯街七号的家后，他一边熏烤羊腰子，一边享受羊腰子散发出来的膻味。小说对布鲁姆烤羊腰子的生动描写今天已成为吸引成千上万人来都柏林品尝美味佳肴的最佳广告。现在，书中描述的埃克尔斯街七号已不存在，但据说都柏林最繁华的奥康奈尔大街上的无数小餐馆都变成了提供"布鲁姆早餐"的厨房。每年的"布鲁姆日"，成千上万的"乔伊斯迷"都要来尝一尝羊腰子的滋味。一般而言，西方人是不吃动物内脏的。这可能既有信仰方面的原因，也与长期形成的民族饮食习惯和意识有关。"布鲁姆吃羊腰子"这一写法一下子就把平民化"英雄"推到了我们的眼前，于混乱喧嚣时代的爱尔兰——一个活生生的小市民成为足以与"尤利西斯"这样伟大的神话英雄相媲美的文学形象。

斯蒂芬·迪达勒斯在史诗中对应的是帖雷马科，是布鲁姆精神上的儿子，他所寻找的父亲只能是一个象征性的父亲，这个父亲同时可以允许斯蒂芬自己也成为一名父亲。

布鲁姆的妻子摩莉，她是位典型的享乐主义者，她是物质与欲望的化身，由于布鲁姆性功能衰退，她不甘寂寞，常常招蜂引蝶，这一切均使布鲁姆蒙受着难言的羞辱和精神上的折磨。最后一章全文无标点，是摩莉的意识之洪流，荣格说：“全书最后那没有标点的四十页真是心理学的精华，我想只有魔鬼的祖母才会把一个女人的心理琢磨得那么透。”

在二十世纪二十年代，书籍审查制度依旧强大，《尤利西斯》在美国经历了三次诉讼，大量的欧美文化名人卷入案件，这反而使它名声大噪，乔伊斯的照片登上了《时代》周刊的封面。事实上，法庭最终的判决也使得严肃文学中的正常性描写和简单的色情文学有了明显的分野，为了后世立下了一种对待此类问题的文学准则。

批评界对于《尤利西斯》的态度有明显的敌意，有人说它“杂乱无章”，充斥着“淫秽无聊”的内容，作者是个“疯子”，只能叫“茅厕文学”；有人批评作者是欧洲社会道德的叛徒。一些著名作家也对《尤利西斯》充满了排斥与敌意，弗吉尼亚·伍尔夫说这是一本“没有教养”的书，像一个“自学成才的工人”的作品（真不知道小说为什么需要“教养”？真奇谈怪论也！）；安德烈·纪德似乎一向反应迟钝，他一开始对《追忆似水年华》也颇有微词，他认为《尤利西斯》是一部“假冒的大作”。天啦，作为作家，纪德对于两部二十世纪最伟大的创新性艺术作品（《追忆似水年华》和《尤利西斯》）如此反应，真是大跌眼镜啊！但是二十世纪二三十年代欧美现代主义文学的中坚人物庞德和艾略特却敏锐地洞察了《尤利西斯》出现的巨大意义，他们不遗余力地发表评论向世人推荐这部旷世奇作。叶芝和海明威很早就清楚《尤利西斯》不可撼动的艺术价值。福克纳自认为是乔伊斯的学徒，他的床头数十年来一直摆放着的就是《尤利西斯》。福克纳后来接受《巴黎评论》记者采访时说："看乔伊斯的《尤利西斯》，应当像识字不多的浸礼会传教士看《旧约》一样：要心怀一片至诚。"斯蒂芬·茨威格不无夸张地说：《尤利西斯》"是头朝下栽进我们文学中来的一块陨石，是一种富丽堂皇，一种了不起的、只允许这一次的无与伦比，是一个大个人主义者、一个怪癖天才的英勇实验。与荷马无关，完全无关，他的艺术在于线条的纯净，而精神地狱的这块银幕正以其呼啸与追逐迷惑了心灵"。

茨威格见过乔伊斯："我间或记起了詹姆斯·乔伊斯的面容：它很适合他的作品。一副偏执狂的脸孔，苍白、衰弱，一种细微而不柔和的声音，一双悲哀的眼睛，嘲弄地躲在磨得光光的镜片后面。一个被折磨垮了的人，但又坚如钢铁，僵硬而顽强……"乔伊斯是一个长久生活在黑暗中，我行我素、沉默寡言、被人误解，仿佛一直被埋在时间和火焰下面的人。11 年柏利茨式的教学生涯（注：柏利茨教学法专门用于外语授课），这种最可怕的折磨式的精神劳作，25 年的流放和贫困已使他的写作变得如此尖锐和锋利。"他的脸上有许多伟大之处，他的作品里有许多伟大之处，一种献身于精神、献身于文字的了不起的无与伦比的英雄气概。”某种意义上说，乔伊斯本人的一生正如尤利西斯一般充满曲折与诱惑、光明与黑暗、挫败与成功，他是文学世界中的尤利西斯。

也许《尤利西斯》不是每一位读者都能欣赏的作品，但是我以为它是每一位严肃作家必须要读的书。如果作为一名以写作为志业的职业作家，你不读《尤利西斯》，你根本就不知道人类的小说艺术发展到哪一步了，况且这是发生在九十多年前的状况！

毫无疑问，《尤利西斯》的出现改变了世界文学的进程，而不仅仅是重新构建新的文学版图那么简单。美国批评家埃德蒙·威尔逊是一个文学界的先知，一读完《尤利西斯》，他就毫无保留地评论：“《尤利西斯》把小说提高到同诗歌与戏剧平起平坐的地位了。读了它之后，我觉得所有其他小说的结构都太松散。乔伊斯这部书在写作方法上之新奇，对未来小说家的影响将是难以估计的。我简直无法想象他们如何能不受此书的影响。它创造了当代生活的形象，每一章都显示出文字的力量和光荣，是文学在描绘现代生活上的一次重大胜利。”我把卡夫卡、乔伊斯和普鲁斯特置于书架的最核心地段，他们是超越性的作家，是其他所有大师们的大师。我相信这并非附庸风雅之举！

如何瞬间消灭耗子民族？

——关于K先生的札记

弗兰兹·卡夫卡

荒谬是世界的本质。当你试图深入荒谬或欲解释荒谬之时,你就进入更为荒谬的境地。

我们谈论的主人公叫K先生,他是一位文字艺术家,也就是通常说的作家。他热爱文学,并且在某种意义上他需要通过自己的努力来传播他的作品,即便表面看来恰恰相反。

可是,我们——跟他生活在同一个时代的读者却根本没有什么文学细胞,最起码是理解K先生作品的细胞。他的作品太美妙,对于跨越两个世纪的人们而言都是振聋发聩的,或者说直指人心的。这是冠冕堂皇的说辞,只要在公众场合,大家都会这么说。事实上,我个人完全不是这样想的,我没有这种感觉,我周围的读者一定也不会有此感觉。私下里,我们会窃窃私语,K先生的作品没有什么与众不同之处,他不过是千千万万个庸常作家中的一员而已。

他确实与我们有些不同,也许他有些蠢,或者是大智若愚吧,谁知道呢?他扛着铁锹,吭哧吭哧地爬到一座山峰的最高处,开始挖掘。他要取水。也许是打井。搞得气喘吁吁,一身臭汗。而我们总是习惯走到低洼处,越低越好,也许不动一锹,就有水了,甚至更有幸运者还会发现一处泉眼，他将被后人立碑纪念。我们总是很务实，这是我们的专长，这种本性常常使我们立于不败之地，也使我们的基因越来越强势——在物种进化过程中，遥遥领先于其他看起来颇有一些小聪明的物种。

他需要通过朗读来传播自己的作品，毋宁说来证明他的存在。我记得，在一个负一层的酒吧间，一个月之内，他竟然不辞辛劳地组织了五六次朗诵会。这些忠实的听众也许真是可怜，他们不得不忍受他单调的嗓音。除了我，还有我拽来的几个文学爱好者之外；马克斯·勃罗德先生不得不经常跑到学校强行拉来一些大学生，许诺给他们免费啤酒和咖啡，才勉强把场面支撑下去。他朗读了《审判》《变形记》《判决》，我们基本上毫无反应。只不过当他朗诵《饥饿艺术家》时，我们才怜悯地抹一抹鼻子，装着心酸的样子。但我们也注意到，他如此简洁地让所有主人公在只言片语中死去，这符合我们有限的审美趣味。他那静寂的绝望的朗诵还有着超越时间的魔力，有人把这场景写到回忆录中，称当事人永远无法忘记K先生在昏暗狭小的酒吧间里的颀长身影。

说起审美趣味与审美传统，我们得追溯到史前文明时代。据锲刻在龟甲兽骨上的文字记载，我们最早的艺术应该是诗歌艺术，它包含诗词的写作、歌唱与朗诵。我们真正的艺术表达，也许叫直接的生活表达吧，常常就是对各种人和事(包括这个大千世界)发表自己的看法，这些看法通常是“哼”“唷”，后来又发展出“嗯”“哈”“哇”，这五种最基本的诗歌表达贯穿了我们种族几千年的文艺史和社会发展史。对于任何事物，只要发出的是这些音节中的某一个或多个，就可以轻而易举地判断这是来自我们种族的声音，这是我们种族的重要特征之一。它们被用来歌唱，在各种各样的场合：葬礼、婚礼、开学典礼、领导人就职典礼以及战争与宗教时刻。这些文艺表达的构成即便如此简单，但对于我们来说已足够用的了。因而，K 先生的朗诵完全是一种顶尖的艺术，我们尊重艺术。他是个例外，他比我们更丰富、更有艺术细胞，我们并不嫉妒他。

把他作为我们唯一的艺术家，显然是夸大其词。

把他作为我们不可替代的艺术家，我们大家都没有什么异议。

我们一度把他供起来，也就是不要他参加社会工作，免去他所有的劳动义务，连植树节都不要他去植树。这可以让他安心，不必为一日三餐发愁，不必与我们一样——必须要为生存而作斗争。可是，他认为这没有尊严，他不是官方豢养的艺术家。因为他是法学博士，所以他凭借自己的专业素质成功地在帝国保险公司找到一份薪水尚可的差事。

有些人讨厌他，我确认并非源自他可怕的盛名。他们说，他写的是什么呀……语焉不详……没有故事……人物苍白……枯燥乏味……他们说，他连故事都不会编，费了九牛二虎之力还不如一个插科打诨的小丑呢。但是我们总是倾向于认为他的作品是尖锐柔美的，因为看起来一切正常却又略显荒诞不经，这使得他显得特别。但这种特别并不耀眼，当然更谈不上刺眼了。要说例外，也许是有的，他的诗歌像李白、杜甫、但丁的诗歌一样被刻在石碑上（当然还有一些名人箴言什么的，如“我思即我在”“鲜血即思想”“存在主义是一种人道主义”等都曾被勒石纪念之），竖立在风景名胜区，我一直记得他的一首诗：

一场倾盆大雨。站立着面对这场大雨吧！
让它的钢铁般的光芒刺穿你。
你在那想把你冲走的雨水中漂浮，
但你还是要坚持，昂首屹立，等待那即将来临的
　　无穷无尽的阳光的照耀。

我背得上的，加上“哼”“唷”“嗯”“哈”“哇”这些重要的艺术工具，我甚至可以把它朗诵出来。

我们必须提出这样一个问题：我们为什么对他推崇备至？不遗余力地寻找并阐释我们与他之间的关系？

这两个问题纠缠在一起。

这很难回答。

我们总是在一个特别的日子里，比如月圆之夜，在一个繁华的闹市口，为他的新书举办签售活动。奇诡的是，每一次签售活动，基本上没有什么特别的宣传，读者都会蜂拥而至。他们是为了一睹他苍白的脸庞、忧郁的眼神，还是为了欣赏他那颇有特点的书法签名——既左支右绌，又能保持相对的平衡？也有一些麻烦事，每一次签售之后，总会有读者走出现场后又折返而回，他们要求退货——无条件地退货，甚至有人大声喊道，下次再也不来参加他的新书签售会了，但是，我们知道，下一次来临的时候，他们又会忙不迭地赶过来，他们早就忘记自己说过的话了。有一些K先生的狂热爱好者，他们参加K先生所有的活动，阅读K先生所有的书籍。他们成了不折不扣的说谎者，但又不完全是。他们被谎言、K先生和残酷的生存现实扯来扯去，分裂至深，几乎到难以为继的状况。哦，他们太善良了，我为他们心碎。

由于某个人或某些人的程序发生了混乱，我们种族内部发生了惨绝人寰的大屠杀。在这次大屠杀之后，K先生的签售会仍旧如期进行。现场真是门可罗雀啊，来的大都是颤颤巍巍的老头老太！门外栉比鳞次按序站列的是一些幽灵，他们无事可做，参加签售会已成为他们的习惯。为此，我和勃罗德先生不得不手持大喇叭，向来者示意加快步伐以迅速聚集；同时，还不停地派出我们得力的信使，到人口密集的地段——譬如菜场、电影院和幼稚园——召集读者。这些准备活动反复进行，直到现场的读者人数勉强能凑合下去。

他有自知之明，他似乎明白自己是肩负使命的。有一点，他不满意自己的现状，就是他的身份问题：他的身份模糊，是作家艺术家？是诗人？是精神导师或领袖？还是心理医生或精神分析师？他除了在酒吧间朗诵他写的所谓的小说外，还常常进行广场朗诵，这也很难让人想得通，因为我们的广场历来是募捐、发表政治演说或装甲车大摇大摆开过的地方，这是一个叠加着盲目、变革与鲜血的文化层。他一个人的表演往往是诗歌朗诵。但是，我们也勇于承认他平庸的诗行和尖利的嗓音彻底地征服了我们。也许，他的朗诵唤起了我们梦中的记忆。我们种族里的每一个成员在出生之前，也就是还在母亲子宫里的时候，都做过一个关于自己日后童年的五彩之梦。但是，自从出生之后，我们每一个人就直接进入成人年代——不苟言笑，城府颇深。在现实生活中，我们没有童年时光，也没有青年时代。我们曾经有一部宪法，第一章就规定要让我们在孩童时期充分享受做游戏、外出露营、看看小人书和随便晃晃的自由，并且大人们努力帮助孩子们实现这种自由。这是一件大快人心、民心所向的好事，但是从来没有实现过，甚至有人怀疑，这样的宪法早就被废除了。种族的决策机构是这样考虑的：因为我们疆域辽阔，面临的敌人又多又强大，我们必须从一生下来就得成为一名成人，可以像战士一样奔赴有形与无形的战场，甚至是生活这个无处不在的战场。这种状况使我们厌倦，对于生活对于自己都是。当厌倦和绝望像雾霾一样弥漫在我们生存的空气中时，我们这个任劳任怨、颇有创造力的种族，从根本上就进入了慢性自杀的历史进程中了。我们的朝气已消耗殆尽，我们中曾经涌现出一大批有才华的年轻人，但是由于厌倦和绝望，他们平庸起来就比其他人更快更彻底，他们的才华自然都转化为虚伪和狡诈了。K先生帮他们做梦！他的箴言被印成白纸黑字："不要绝望，甚至对你并不感到绝望这一点也不要绝望。"他的朗诵是致幻剂，在某些特定而又艰难的时刻，他帮助我们部分地挣脱日常尘世的枷锁，使我们看到海市蜃楼，以获得片刻欢愉，但还没有获得解脱……谈解脱，显然有点大，没有达到那种程度。

我们不能嘲笑K先生，事实上是，见到他之后，我们就笑不起来，更有女士读他的书又哭又笑，真是莫名其妙啊！

在一座山峰上，我们费了好大的力气，把一个古人的一段话刻在一块被凿平的悬崖上。这段话是这样的："敲开核桃确实不是艺术，因此也没有谁敢召集一群观众，在大家面前敲开核桃以供消遣。”这段话像咒语一样，或者是上古时代大祭师的祭词一般，很难理解，似乎很玄妙。但我们知道这里镶嵌着关于理解我们种族艺术的密钥。我们对于K先生百思不得其解，就不由得想起这段话。谁将是敲开核桃的那个人？也许正是K先生。敲开核桃是一门艺术，核桃敲开之后将展示世界的真相，这就是这门艺术存在的意义。我们知道这门独特艺术的独特价值，K先生的重要性也就不言而喻了。通过他，我们欣赏的某些品质正是我们自身根本就不屑一顾的。我们嫌弃我们自己。K先生本人持相同的看法。他的朋友勃罗德先生也暧昧地承认这一点，因为他不得不遗憾地归类于“我们”这一庸俗的群体。至少可以这样说，K先生和我们建立的是互为悖论的镜像。

有一次，我和勃罗德先生都在场，那是一场小范围的聚会，丝毫不引人注目的K先生还是成为焦点人物。他提及要把他的作品全都烧掉，他说，燃烧吧，燃烧吧……烧掉它们吧，美丽的焰火！我们以为他在吟诗，但勃罗德先生悄然地认领了这一谶语，但是后来他又犹犹豫豫地背叛了他的遗嘱。在我和勃罗德先生看来，K先生对于自己写作才能的怀疑、对于发表出版的拒绝和毁灭作品的决定都具有相似的隐喻性，他试图摧毁我们种族那点可怜的悲怆记忆。好在勃罗德先生大义凛然，不惜违背自己的良心，遮遮掩掩、陆陆续续地把他的作品一一面世。

他的看法重要吗？某种意义上，他给我们的种族留下或明或暗的记忆。我们总是装着忘记历史，而事实上历史总是循环上演。他是我们隐秘的太史令。在一个晴朗的早晨或者黑暗的夜晚，有人闯入了你的住宅，他们可能是什么人呢？生活在一个有正式宪法的国家中，一片歌舞升平……谁竟敢在家里抓人呢？我们不知道，但我们被控有罪。于是另外的人们就大声叫喊："你有罪！""你犯下了滔天罪行。"于是我们慢慢感到自己确实有罪了，我们接受审判，没有抗诉，低头认罪，随后就会被莫名其妙地处决……这就是他写的书，既完美又实用，既真实可感又虚无缥缈，几乎每个人都背得下来，但随即就会忘记。我们一代又一代的祖先就这样被自动减员了，这保证了我们种族人口数量的合理，并保持与世界微妙的平衡关系。

阅读他的书的时候，我们忘记了大屠杀、大灭绝、大饥荒、大地震、金融危机和全球经济衰退。谎言占据了我们弱小的心灵，但他没有义务拯救我们堕落的世界，他也没有力量来做这样的事。孔二先生、佛陀和那个自称为耶和华的上帝和他的代言人耶稣先生都宣布他们也爱莫能助。从这一点上，他的书其实是一种不可言明的海洛因。我们这个庞大的种族面对这一诱惑时，完全丧失了抵抗能力，全民享用，大家都很愉悦。

K先生不愿意成为“不停地论及死亡，却迟迟不曾死去”的说谎者，他需要死亡，死亡是实现链接他所有作品的循环之路的最后一环。他留下遗言：“人死亡之后，会有一种独特的善意寂静——透过与亡者的关系——极短暂地浮掠人间，会有一种人世激动的告别……这是一个得以喘息的机会，同时也是打开死亡房间的一扇窗……”他并不是逃避，而是完成。他完成了一个可有可无的生命历程，他的死亡让所有说谎者知道自己是在说谎。

在死亡带走他之后，我们就匆匆忙忙地解密了他的日记。我们急于寻找他给我们留下的精神遗嘱。对于死亡，对于他本人与我们普罗大众的关系，他有明确的记载：“他承受着死亡的残酷和不公正性；所有这些，至少就我看来，很能打动读者。”是的，他的狐尾露了出来，白晃晃的，好不刺眼。死亡是他的砝码，而我们又无法驳斥死亡。

无疑，我们之中有一个人最接近他——无限地接近他并取得了他部分的信任。他当然是马克斯·勃罗德先生。在这种情况下，勃罗德先生决定写一部回忆录和拍一部电影来作为K先生作品的注释。回忆录出了差池，特别是关于K先生的宗教性描述让大家非常厌烦，勃罗德先生在阴沟里翻了船。不过电影尚有可圈可点之处，电影试图让我们尽量地去理解他，最后一幕是K先生本人目睹他自己的葬礼，这一天才性的镜头象征着K先生与泥土的对抗及和解。

日记是重要的。但是我们倾向于认为他的日记是理解悖论的毁灭性炸药，即便勃罗德先生持保留意见。

我相信我自己也是一名理解毁灭者。我们无法清晰地解释，理解障碍来自我们自身。我们很难谈论他。正如这个标题，它来源于我们种族的第一箴言："只是试着让你理解耗子：如果你开始质问其作品的意义，你将瞬间消灭耗子民族。"也许不是种族箴言，可能源自K先生的日记。

关于K先生，我什么也没说；关于如何瞬间消灭耗子民族，我真不知道这一提议从何而来。

如是我闻。

#《追忆似水年华》：叩开人类的幸福之门

马塞尔・普鲁斯特

玛德莱娜小甜点已成为法国文学最为著名的象征，附庸风雅的人会把回忆的涌现不自觉地称为“普鲁斯特式的体验”；数十年来，对文艺界人士的采访依然采用“普鲁斯特问卷”，以窥探明星的隐秘生活……

安德烈·莫洛亚认为，对于1900年到1950年这一历史时期，没有比《追忆似水年华》更值得纪念的长篇小说杰作了。从我有限的视野来看，这个时期可以一直拉长到今天。《追忆似水年华》的出现改变了我们认识世界的方式，改变了我们对待时光和生命的方式。安德烈·莫洛亚概括说：“没有人比他更善于帮助我们在自己身上把握生命从童年到壮年，然后到老年的过程，所以他的书一问世，便成为人类的《圣经》之一。通过一个人的一生和一些最普通的事物，使所有人的一生涌现在他的笔下。”是的，与《追忆似水年华》相比，所有的文学作品都相形见绌。

《追忆似水年华》有一种危险的传染能力，它会给沉溺其中的读者带来灾难性的依赖。瓦尔特·本雅明深入研究过《追忆似水年华》，并且是其德文译者，他给阿多诺写信说：只要不是翻译所必需，他不愿再多读普鲁斯特写下的任何一个字，否则他将变得过度依赖，妨碍自己的创作。

1871年7月10日，马塞尔·普鲁斯特出生在巴黎，父亲是医学院教授，是巴黎名医。从1878年起，小普鲁斯特每年跟随父母前往厄尔-卢瓦尔省的伊利耶度假，这个小镇也就是《追忆似水年华》中贡布雷的原型。1971年，小镇改名为伊利耶-贡布雷，这里也成为全世界普鲁斯特粉丝们热捧的文学圣地。

年轻时的普鲁斯特，人们普遍认为他是位花花公子，一个流连往返于达官贵人上流社会的“交际花”。在文学上，普鲁斯特虽有抱负，但当时的文化界人士总是对他不屑一顾，仅把他作为一个业余的、不入流的、“反动”的作者看待。他出版了两本小书：《画家的肖像》和《欢乐与时日》，后者还邀请了著名作家法朗士为之作序，书中收录了各式各样的“人物速写”“研究”和“故事”等，批评者说它们是花哨艳丽的，普鲁斯特依然是人们心目中沽名钓誉的业余作者。

10岁时，哮喘病就首次造访了他。随着时光的推移，他深信自己的哮喘病是无法治愈的，因为已尝试过的各种治疗方案均告失败。他悲观地认为他来日无多了，但他又如此热爱这个世界。来自内心深处遥远的声音召唤他必须承担作为作家的义务，他深切地体认到自己正在失去的短暂而又珍贵的时光，他给一个朋友写信：“如果说死亡可能解脱我们对于生命的义务，它却不能解脱我们对自己所负有的义务，其中头一件便是应当生活得有价值，无愧于此生。”他要通过艺术的方式保存这个世界。他必须下定决心，要从这繁华生活中隐退，退到孤寂之中，退到他自己的精神领地里。

1903 年，父亲去世，普鲁斯特继承了价值不菲的遗产，经济来源有了保证。他开始考虑全身心投入文学创作，他已做好放弃过正常人生活的准备，他放弃了他酷爱的长途旅行。他作出的牺牲显而易见，他清醒地知晓他正在放弃“对于生活的义务”。1905 年 9 月，母亲去世了，他的弟弟罗伯特也结婚了。一向娇惯、离不开亲人的他现在无所适从，像是碰到一场生死关口，他的朋友热内·培德描述：“八个月来，在那些古怪的家具中间，他整日呜咽。”1906 年 8 月，为了缓解这种绝望的情绪，他离开巴黎，前往凡尔赛，打算小住几日。普鲁斯特入住了凡尔赛的黑塞瓦尔旅馆，它豪华但老旧，“有一股陈朽的芳香”。而培德就住在离旅馆几步之遥的国王大道。这个旅馆，我们会在《追忆似水年华》中依稀看到一些影子，东锡埃尔旅社和巴尔贝克大旅社的描写就来自这儿，当然还有阿尔贝蒂娜吃午饭的场景。那段时间里，培德几乎每天都去看他，在与培德亲切的畅叙中，在培德对他的体恤与鼓励中，普鲁斯特一点点摆脱了沮丧与消沉。

在《追忆似水年华》中，普鲁斯特多次吐露对自己写作能力的怀疑，在《在少女们身旁》中说：“刚刚写完开头几页，一股烦恼涌上心头，笔从手中掉了下来，我号啕大哭，不禁想到，我没有这份天赋，也永远成不了天才。”在《重现的时光》中这样写道：“在熄灭蜡烛之前，我阅读了自己誊好的那一章节。读罢，深感自己缺乏写作才能，这正是盖尔芒特一家早就预料到的。”《重现的时光》里似乎与此时的情形相当吻合：“真是这波平了，那波又起，老摆脱不了，使我每每为自己缺乏写作才能而懊恼。后来，我远离巴黎，去疗养院疗养，在这段悠长的岁月中，我根本不打算再写作了，这才摆脱了懊恼的心绪……”他抛弃一切，专门从事写作，可是却一事无成！一部巨著在他的心中酝酿着，如此庞大，如此宏伟，而又庄严无比，这使他心存畏惧，动笔的时刻一再延宕。

后来，培德写了一本书，叫《追忆似水年华之前：普鲁斯特之夏》。在书中，从普鲁斯特与培德的对话中，我们隐约地感到我们未来的大师已经开始为未来的巨著《追忆似水年华》进行构思了，但他流露得很有限，甚至有意隐瞒。有一天，普鲁斯特对培德说：“今晚我有很多工作要做……我已经有了几个想法。”在某些时候，他会不经意地告诉培德“他的脑海里看见了许许多多的人，一整片的新面孔”。这是一个小心翼翼的大胆设想，在凡尔赛的这个夏天，人类一部伟大的文学作品开始在这个年轻人的头脑里孕育。

在培德的这本小书中，我们会看到未来大师的年轻时代的剪影：他有哮喘病，他敏感不已；他固执己见，却又情绪善变；他机敏睿智，却爱钻牛角尖；他温柔体贴，却常常独断专行。

在1900年到1906年期间，他首先翻译和注释了英国作家约翰·罗斯金的作品，他用六年的时间翻译了罗斯金的《亚眠的圣经》和《芝麻与百合》。这种专心致志的工作治好了他的懒散，他具备坐下来写一部大部头作品的耐心了。渐渐地，他从钟爱的社交生涯里抽身出来，完全隐居到奥斯曼林荫大道他那间闻名遐迩的软木房间里。“在那间人工照明的黑屋子里，他把所有的时辰奉献给了不受袭扰的工作，以便将那些扑朔迷离、精美纷呈的形象尽收眼底。”（本雅明）从那一刻起，他成为艺术之神最为恒久的祭品。他所在的房间全部用软木镶壁，外面的声音几乎无法传进来，窗户也从不打开。只要闻到外面的栗树气味，普鲁斯特就有一种难以忍受的窒息。然而他是十分喜欢栗树的，想象着和它们一起生活，由于白天他要睡觉，看不到它们，每到春天他就要求别人给他讲述栗树开花的景象。

他试图写一部他心中的书，这部书首先是《驳圣伯夫》。稍后，《追忆似水年华》也开始了。从表面上看，这是两部性质截然不同的书，前一部似乎是文论，后者是小说。百花洲文艺出版社就是把《驳圣伯夫》作为《二十世纪欧美文论丛书》中的一种而刊行的。事实上，我们通过阅读会发现《驳圣伯夫》并非文论，而更像小说，或者说这是一部作品。普鲁斯特写信给《法兰西水星》主编瓦莱特，他说："我已写成一本书，书名暂定为《驳圣伯夫》，这是一部真正的小说，而且是一部包括有若干极其猥亵部分的小说。"普鲁斯特所说的"极其猥亵部分"即是指描写同性恋的那一章——《被诅咒的族类》，也就是《追忆似水年华》第四部《索多姆和戈摩尔》的主要内容。如果我们站在普鲁斯特的艺术世界里看，《驳圣伯夫》无疑是一部小说，一部普鲁斯特式的小说。《驳圣伯夫》的草稿先于《追忆》的卷一《在斯万家那边》开始，从行文风格的倾向和艺术理想的体现上来说，《驳圣伯夫》毫无疑问地成为《追忆》这部辉煌交响曲的前奏。

在社交圈里，普鲁斯特优雅客套，目光与声音柔和，略带喘息，带点拖腔，似乎矫揉造作，但又不是，这一矛盾的表征反而惹得更多人的追捧。让·科克托说："恰如腹语者的声音来自胸腔，普鲁斯特的声音发自灵魂。"那里是他的生活发源地，那里有无穷无尽的新奇事物和奥秘等待他去勘探。他对社交习俗追根溯源，他总要搞清楚一切繁文缛节。他总是不停地打听，巧妙地提问，没完没了，握手的方式、家族的谱系、族徽与家族的面孔都是他十二分关注的内容。他与朋友在花园散步，会突然在一丛玫瑰前止步，他头向前倾，表情严肃，眉头紧蹙，聚精会神，有时轻咬嘴唇……他随时随地把自己置身于这样的神秘时刻，全身心地投入到与自然、人生、艺术的无限交流之中，把他全部的生命倾注到这些"深邃时刻"中。所有的往事与生活都完整无缺地保存在他清澈的琥珀般超乎寻常的记忆之中。

在越来越少的社交中，普鲁斯特变得越发敏锐，他正成为人类历史上最伟大的精神观察家。他在精神领域中有一种独一无二的视角，而且灵敏迅疾，似乎他备有一副隐形的望远镜，把一切事物一一拉近。也许他的视野颇有局限，但他深入查看了事物的复杂性，他看到一个人的一部分脸颊，他更能看得到别人根本看不到的纹路、皱褶、细密的汗毛。他的眼睛是放大镜，是显微镜。在写作《追忆似水年华》的时日里，即便在炎热的夏季，他也穿着那件沉甸甸的毛皮大衣，因为他患有枯草热，这种病怕冷——这在巴黎已经成为一个传奇。朋友们无法约到他，无法请他一起吃饭，或者参加一个沙龙，但是作家为了求证小说中一个微小细节时，他就会在深夜，像幽灵一样出现在饭店大厅，出现在他信赖的朋友们面前，不厌其烦地询问他感兴趣的某一细节。

1911 年底，普鲁斯特完成了《追忆似水年华》的第一卷《在斯万家那边》，他想让它面世，开始给出版社投稿，但连吃了几个闭门羹。有一个出版社的经理叫奥朗多夫，他大言不惭地说："亲爱的朋友，我也许实在太笨，我不明白一个人怎么会花上30页纸来描写他如何在床上辗转反侧、难以入眠的情状，我挠破头皮也还是不得要领……"但是，冷嘲热讽丝毫没有动摇普鲁斯特对于自己作品的自信，但得不到同时代作家的理解使他有些懊恼。1913年，经过不懈努力，《在斯万家那边》出版了，文学界的反应是一片冷淡，他们对于这样一部跨时代的作品还没有作好接受的准备——他们对于普鲁斯特的美学方程式知之甚少。普鲁斯特的朋友们开始纷纷撰文，高呼天才的出现。当时的人们认为那些吹捧言过其实，过度夸大了普鲁斯特的才华，而如今看来，那些评价远远没有抵达普鲁斯特应有的高度。

1914年第一次世界大战来临，中断了《追忆似水年华》的继续出版，但普鲁斯特写作、修改、增删的工作从未停止，奇怪的是书中几乎没有战争的影子。1919年，享有盛誉的龚古尔文学奖的桂冠落到普鲁斯特头上。这也许是该奖最为明智的一次选择，但当时有一份报纸不无嘲讽地嚼起舌根："这次，龚古尔奖委员会把大奖颁发给一个地地道道的无名作家。他已不年轻，但却默默无闻，他现在如此，以后仍将如此……"普鲁斯特开始享受文学的荣誉了,不过此时离他去世只有三年时光了。从1919年起,第二部《在少女们身旁》、第三部《盖尔芒特家那边》、第四部《索多姆和戈摩尔》相继出版。最后一部《重现的时光》成为这部书的重中之重,成为他生命和艺术中最为璀璨的结晶体,如同在一个洞察世界的高僧体内萃取出最后的精华——舍利子。在他去世之前,他似乎匆忙地完成最后的巨著。而第五部《女囚》、第六部《女逃亡者》和第七部《重现的时光》都是在作者身后出版的。

1922年5月18日,二十世纪两座最伟大的文学高峰在巴黎相遇了。詹姆斯·乔伊斯和马塞尔·普鲁斯特均受邀参加同一个晚宴。但乔伊斯迟到了,他正拼命喝酒借以掩饰自己的窘态时,门突然开了,身穿裘皮大衣的马塞尔·普鲁斯特出现在门口。后来乔伊斯说,他的出现"就像《撒旦的悲哀》中的主人公"。流布最广的一种记载讲述了当时的情形——普鲁斯特说:"真遗憾,我不知道乔伊斯先生的作品。"乔伊斯回敬道:"我从来没有读过普鲁斯特先生写的东西。"谈话到此为止。

1922年11月18日,普鲁斯特溘然长辞,在他身边有一张被药弄污的纸片,字迹模糊不清,但还能辨认出富什维尔的名字,这是他书中的一位次要人物。如果死神还未降临,他会一直修改下去……乔伊斯参加了他的葬礼。

很抱歉,我无法用合适的语言来概括这部书。时间是唯一的主题。也许可以这样说：写了一个非常神经质的和过分被溺爱的孩子缓慢成长的过程，他渐渐意识到自己的存在；或者说，小说是一个聪明绝顶、敏感到痛苦的人的漫长经历……这些说法都不确切，所有的说法都无法确切地概括它。它没有情节，但有一个个鲜活的人物；它没有看似明晰的结构，但是事实上它的构建犹如大教堂的拱顶一般严谨宏阔；它没有我们常见的那种描述，但是一块玛德莱娜小甜点就使我们逝去的时光纷纷复活，马尔丹维的钟楼使一切事物升华为精神性的、普遍性的存在，凡特伊的七重奏使世界成为永恒的艺术……说到风格，它辞藻丰赡，无限发展性中包容了思想与精神的复合生长性。他那独特的隐喻，耐人寻味，把生活的表象和真相融于一体，超越了所有作家，它承载了无限的时空转换。其文风旷达高雅，用词准确精湛，与前辈作家蒙田一脉相承。《追忆似水年华》甚至不是一个“聪明”人写的小说，作者摒弃了智力，走到了如老子所言的“绝圣弃智”一般境地，他说：“作家只有摆脱智力，才能在我们获得种种印象中将事物真正抓住，也就是说，真正抵达事物本身，取得艺术的唯一内容。”

叙述者马塞尔和作者本人是二而合一的，无法分清你我；作品和生活也是如此，普鲁斯特的生活就是他的作品，而作品又是他凝固的生活。它是一座巨大的森林，幽美动人,深邃邈远;它是一片大海,深不可测,包罗万象,辽无涯际。

在世界文学史的范畴里,普鲁斯特是一位特立独行的“独眼巨人”,他的写作来自强大的自我意识,“伟大的我”把作者本人马塞尔·普鲁斯特和小说的叙述者马塞尔成功融汇于一体,相互混淆,相互生长,并可以相互置换。

一切均成为失去的时光,但是一切又通过重现的时光得以永存。在书中,叙述者马塞尔为自己的贫乏而倍感忧伤,但是顿悟时刻到来了:“我敲遍了所有的门,它们全部都紧紧地关闭着,唯有一道门可以打开进入。本来,我也许要花100年的时间徒劳无功地寻找这道门,但是,我盲目地撞上了它,门开启了。”通过普鲁斯特,我们解放了被禁锢的事物……“生命的一小时被拘禁于一定物质对象之中,这一对象如果我们没有发现,它就永远寄存其中。”普鲁斯特是一位神秘的巫师,他把它们召唤出来,把它们解放出来。我们的内心一片混沌黑暗,从这些黑暗中,普鲁斯特提取出真正属于我们每个人的秘密:艺术准确地复制了人的生命,通过“追忆”,所有的生命韶光都走向永恒。他运用自己的劳作和天才,成功地重新创造出曾经消失了的时间最初的连续性,失去的终于重现,时间完成了首尾相衔,完成了一个巨大开放的圆圈。是的,他叩开了永恒的幸福之门!

博尔赫斯，他的小说乌托邦

豪尔赫·路易斯·博尔赫斯

当你读完博尔赫斯的时候，你就会明白，他只属于文学。他深居简出，纯粹生活在文学之中，并且只为文学而生活。他是一位渊博无限的作家，在博览群书方面，所有的作家都甘拜下风。“首先，”他说，“我认为自己是读者，其次是诗人，最后才是作家。”他如饥似渴地展开漫无目的的阅读，在年近六旬完全失明之前，他看了别人几辈子都看不完的书。他能在所有阅读中汲取为他所用的文学素材，在他失去光明之后能自如写作，无可争议地成为有史以来最善于旁征博引的作家之一。

他在诗歌、文论和小说领域都拥有光彩夺目的“博尔赫斯”光环。他的作品是高浓度文学的结晶体，他需要我们一读再读。就文学影响力而言，我们在谈论二十世纪伟大作家的风格时，首先能想到的就是“卡夫卡风格”或“博尔赫斯风格”……文学青年或者某位作家在看了博尔赫斯之后，总是蠢蠢欲动想写点什么，哪怕编一个故事也好……博尔赫斯会激活我们的文学意识，在这一方面，所有的作家均无法与其比拟，他比任何人都走得深走得远。博尔赫斯不仅改变了人们写小说的方法，而且改变小说的内容和我们对于小说的认识。

1899年8月24日，豪尔赫·路易斯·博尔赫斯出生在阿根廷首都布宜诺斯艾利斯一个具有古老英国和阿根廷血统的律师家庭。据他自己的考证，他的先祖是葡萄牙人，他在诗歌《博尔赫斯们》中写道，他们在“我的肉体中仍旧晦暗地继续着，他们的习惯、纪律和焦虑”。祖母是英国人，父亲爱好文学。博尔赫斯从小就学习英文，他英文娴熟，深谙英语文学，阅读了大量的欧美文学名著，英语文学传统已成为他文学血液中的一部分。他声称：“如果有人问我一生中对我影响最大的是什么，我会说是我父亲的图书室。实际上我有时认为我从未离开过那间书房。”博尔赫斯很早就开始了他的文字生涯，7岁时，他就开始了写作：用英文缩写了一篇希腊神话。8岁时，根据《堂吉诃德》，他用西班牙文写了一篇叫做《致命的护眼罩》的故事。10岁时就在《民族报》上发表了英国作家王尔德童话《快乐王子》的译文，署名豪尔赫·博尔赫斯，其译笔成熟，竟被认为是乃父手笔。

1914年，博尔赫斯随全家前往瑞士日内瓦定居，在这里，他度过了一生中最为重要的青少年时代。他的生活以阅读为主。1919年，随全家移居西班牙，与西班牙的极端主义文艺圈交往甚密。1921年，回到布宜诺斯艾利斯后，博尔赫斯进入图书馆工作，并终生从事此工作，历任布宜诺斯艾利斯市各公共图书馆的职员和馆长，同时进行文学创作、创办杂志、文学讲座等活动。1923年，他出版第一本诗集《布宜诺斯艾利斯的激情》(1922年曾先行自费出版)以及后来面世的两部诗集《面前的月亮》(1925)和《圣马丁札记》(1929)。1946至1955年，庇隆执政期间，他在反对庇隆的宣言上签名，被革去市立图书馆馆长职务，被侮辱性地勒令去当市场家禽检查员。有人说博尔赫斯只是一位书斋作家，是一个外星人作家，完全不问世事、远离政治，事实上并非如此，他的表达是如此尖锐，以至于奥克塔维奥·帕斯评论说："他是对充满着阴影，充满着暴力的拉丁美洲大陆的一次极为强烈的责难。作家使我们惊服的是他坚韧不拔和清澈如水的崇高品格。"1950年，由于众多作家的拥戴，博尔赫斯当选阿根廷作家协会主席。这等于是给庇隆政府一记响亮的耳光。庇隆下台后，1955年10月17日，他被起用为阿根廷国立图书馆馆长。他自嘲地说："命运赐予我80万册书，由我掌管，同时却又给了我黑暗。"他在诗中写道："我，总是在想象着天堂/是一座图书馆的类型。"他的《天赋之诗》正是表达这一悖论的生活状况。作为文学界的旗帜，博尔赫斯到死为止都不愿意与政治媾和，最为尖锐的是，他不愿死在阿根廷，而是选择了日内瓦。

至于说到博尔赫斯的形象与性格，朋友们的一致看法是：健谈、好交际、性羞赧、好学不倦，等等，总之是个高雅的知识分子形象，而缺少大人物们惊心动魄的传奇。他“从不阅读报纸，声称它们第二天就会被遗忘。他厌恶镜子、生命的繁衍和自己的肉体，不断地梦到迷宫、面具和镜子”。

1935年他出版了故事集《世界性丑闻》，这可以算作他的第一个小说集。这里孕育了初期的“博尔赫斯”风格，最为著名的作品有《玫瑰色街角的人》《两个人做梦的故事》《达不到目的的巫师》。《玫瑰色街角的人》是博尔赫斯献给他所羡慕的巴勒莫恶棍的礼物，是一个黑帮故事。它生动明快，似乎是专为阿根廷同胞而作——所有的阿根廷人都为一种想象的、英勇而神秘的、专门用在吵架斗殴和搬弄是非的人身上的辉煌过去而感到骄傲。正如他在此书初版序言中所说，他热衷于编制花名册、迷恋于将人生浓缩成一个句子或一道风景，同时厌恶心理学。他反复推敲每一个句子，以求表达的清晰准确。诗人庞德说，准确的陈述是写作的第一要素。陈述的准确性是写作的唯一道德，作为诗人，博尔赫斯完全把这一道德规范当做自己的写作律令。

1936到1939年间，他为《家庭》杂志撰写了208本书的评论。作为一名信手拈来的评论作者，他要进行大量的阅读。博尔赫斯有时对此有些厌倦，他突发奇想，写作是对阅读最大的报复。在从事小说创作之前，博尔赫斯已经是阿根廷声名卓著的诗人和批评家了，但是他对于小说写作并不自信，用他自己的话说："我知道我的文学产品中最不易朽的是叙述，然而多年来我却不敢写小说。我以为故事的乐园是我的禁地。"

1938年底，博尔赫斯遭遇了一场可怕的事故。同时，我倾向于认为正是这次事故大大地改变了世界文学的面目和格局。由于家族性的失明症一步步逼近博尔赫斯，他的视力越来越差，那天，他快步上楼时，撞上了一扇窗户。他在《随笔》中描述道："我觉得头上给什么东西刮了一下。"事实上，撞击相当严重，玻璃碎了，碎片嵌进头皮。随后，他被送进医院，躺了一个多月。他对自己的精神是否健全产生了怀疑，母亲把刘易斯的幻想小说《走出寂静的星球》念给他听，他听着听着哭了起来。母亲问他为什么哭，他说他明白了。作为一个对于自己智慧有足够自信的作家，博尔赫斯必须证实自己的智力与写作能力是否受到影响。39岁那年，他开始尝试写故事来确认自我。他试图调用自己所有的文学资源，同时发挥他的想象力，运用他最为擅长的简洁机智的语言、反讽与戏仿的手段进行创作。是的，他进行的自我革新也为未来小说带来了全新的价值观。这次与死神的亲密接触激发博尔赫斯去写只属于他自己的伟大作品，正如哈德罗·布罗姆所言，如果博尔赫斯那时就死掉的话，那他可能就什么都不是了。为了重现这次事故，博尔赫斯后来写下了小说《南方》，当然他也赋予小说更为丰富深邃的意义。小说中的人物达尔曼为了急切地看到一本稀有版本的《天方夜谭》，飞快地向楼上跑去，这时被刚油漆过的窗户刮伤了……之后，他寻找浪漫主义的死亡方法，博尔赫斯通过歪曲自己的经历来满足他对于男子汉气概、阅读、时间、永恒和英雄主义的迷恋。

他写下了《〈吉诃德〉的作者彼埃尔·梅纳德》，它是博尔赫斯写作生涯的一个分水岭，表达了某种疲惫与怀疑之感，"在一个长长的文学时期之后到来"的感觉。这篇小说是一个玩笑，也是一个自我嘲讽。梅纳德太有哲学修养而不能成为一位诗人，同时又太有诗人气质而不能成为一位哲学家。他比大多数的诗人和哲学家更为博学。哦，更致命的是他还有一颗丰盛并为灵感而累的心灵，他找不到一个可以充分施展才华的表达方式，他将辜负上天赐予的天赋……事实上，梅纳德正是漫画版的博尔赫斯。当梅纳德重写《堂吉诃德》时，小说变得荒谬起来，他写的竟然与塞万提斯写的一模一样。他的努力毫无意义，只是一种阅读与翻译行为。作为文学创作，"他并不想写出另一个吉诃德——这是很容易做到的——而就是写出吉诃德。"所有的创作都是在重写！小说的最后更具嘲讽意味："把《基督的模仿》归之于塞利纳或詹姆斯·乔伊斯，难道不是这种虚弱的精神警戒的重逢复兴吗?”我们知道，《基督的模仿》是德国神学家肯皮斯的神学著作，而塞利纳是《长夜行》的作者、乔伊斯是《尤利西斯》的作者。

《〈吉诃德〉的作者彼埃尔·梅纳德》也开启了他的《特隆，乌克巴尔，奥尔比斯·忒蒂乌斯》和其他杰出作品，形成了二十世纪最伟大的文学品牌——博尔赫斯。谈到表达清晰，小说家略萨认为:“博尔赫斯的散文异乎寻常，他惜墨如金，从不多着一字，完全违反了西班牙语过犹不及的自然倾向……”库切认为:“他，甚于任何其他人，大大创新了小说的语言，为整整一代伟大的拉美小说家开创了道路。”他的概念清晰、纯正，同时不落流俗，从不退居二线，而是用极其直接和有克制的文字加以表达。他不动声色地用简练迅疾的文本创造了一个完全崭新的世界，他的叙述正展现了一种文学语言上刊落繁华的强大力量。

博尔赫斯通过制造另一个世界——特隆来审视现有世界，并批判现实。特隆的科学，其数学、地理和语言都是虚构，但是整个小说依旧是“博尔赫斯式”的:结构严谨，形式简洁，具有伊索寓言的格调。特隆是一个骗局吗?博尔赫斯建造了一个全新的世界体系，这个体系不依赖物质而存在，而完全依赖于知识和思想。有支撑它的几何学、数学、哲学和整套的思想和生存结构，最后他以高明的手法要求他的读者——文本之外“已知世界”的人们——考虑自己接受“特隆”的真实性。他强调:“特隆当然是个迷宫,是人们设计的、注定要由人们辨认的迷宫。”特隆中出现了现实生活中确有其人的作家和朋友,他们与博尔赫斯谈论特隆,评论特隆,真实时间和虚构空间之间的界限已模糊,融为一体。

1941 年,小说集《交叉小径的花园》问世,这里包含了《〈吉诃德〉的作者彼埃尔·梅纳德》《特隆,乌克巴尔,奥尔比斯·忒蒂乌斯》,以及《圆形废墟》《巴别图书馆》《交叉小径的花园》等著名的篇目。在这本小说中,博尔赫斯为他未来的小说寻找到一种独创的形式:它是小说与随笔的无缝结合——传统上这两种题材一般是被分开的,但在博尔赫斯的眼中,它们均是对人类存在的一种表达,统属于某种更高的精神法则。形式往往从一个“骗局”开始,谎称某书已存在于某处,博尔赫斯直接进入评论,省略复述环节。叙述被淹没,虚构成为真实,创作面对的不是可能发生的故事(这是通常小说的作法),而是有关一篇原已存在的小说。通过“谎称”手段,博尔赫斯向读者标明他不过也是个读者,而不是作者。

1944 年,他出版了小说集《手工艺品》,包括《死亡与罗盘》《秘密的奇迹》和《南方》等名篇。1949 年,小说集《阿莱夫》出版,包括了《艾玛·聪茨》《另一种死亡》《阿莱夫》等名篇。《博闻强记的富内斯》《马可福音》《另一个我》《镜子和面具》《乌尔里克》纷纷问世……博尔赫斯正强势地成为"博尔赫斯",在世界文学范畴内,他赢得了广泛的尊敬,他的影响也无以复加,被称为"作家们的作家"。

进入二十世纪60年代,名声与失明渐渐走进了博尔赫斯的生活。他从一个拉美作家成为一个世界性作家。他才华横溢、光芒四射,无可比拟,从约翰·厄普代克到乔治·斯坦纳,从奥克塔维奥·帕斯到米歇尔·福柯,这些世界顶尖级的知识分子和作家都对他敬佩不已。苏珊·桑塔格赞誉他说:"如果有哪一位同时代人在文学上称得起不朽,那个人必定是博尔赫斯。他是他那个时代和文化的产物,但是他却以一种神奇的方式知道如何超越他的时代和文化。他是最透明的也是最有艺术性的作家。对于其他作家来说,他一直是一种很好的资源。"我以为,这并不为过。

博尔赫斯谦逊,对于名声,他略有享受便感到厌倦了。他像佩索阿一样喜欢在城市里闲逛,他在布宜诺斯艾利斯四处漫步,研究地图或品尝咖啡……他喜欢生活中简单的事情。而另外一个盲人博尔赫斯拄着拐杖经常在街上被人叫住,祝贺他是博尔赫斯。这是一个印在邮票和旅游手册上受人爱戴的民族偶像。博尔赫斯用一个有关作者的谜语结束了这个关于"博尔赫斯"的寓言故事："我不知道这两人中谁写了这一页。"

博尔赫斯喜欢中国文化，他有一根来自中国的手杖，在《长城与书》《卡夫卡及其先驱》《交叉小径的花园》等作品中，随处弥漫着中国文化的气息，他挚爱中国的幻想文学《聊斋志异》，但遗憾的是，终其一生，他都没有踏上古老中国的土地。

最后说一句多余的话，如果你想阅读汉语中的小说家博尔赫斯，我推荐王央乐先生与王永年先生的译本，二者各有千秋。

《不安之书》：捕捉人类灵魂中的暗物质

费尔南多·佩索阿

佩索阿总是让我无法忘怀的作家，不管身在何处，我总是不自然地想到他。佩索阿，这是一个葡萄牙语的名字，听起来音节和谐，有一种说不出的恬淡隐忍之感，似乎有一个形影相吊的诗人站在这名字背后。谁读他，谁就会相信这一点。

佩索阿，这是一个诗人的名字。如果我需要独处，一个人的话，我一定会带上他的书。他的书不再仅仅是留下，而是存在，一种嵌入读者生命的存在。从我个人的视角而言，佩索阿的《不安之书》是“带上一本书去旅行”的最佳伙伴。

费尔南多·佩索阿不是一名在公众视线中的伟大作家。短短47年，他就匆忙辞别人世，可他最重要的作品直到二十世纪八九十年代才为葡萄牙和欧洲所发现。现在情形发生了巨大的改变，即便他的作品和声名仅在一少部分人中流传，但谁也无法否认他作为一位核心作家在世界文学中占据独特的位置。人们把“杰出的经典作家”“欧洲现代主义的核心人物”“最能深化人们心灵的写作者”等赞誉置于他的名下，都是恰如其分的。他的文学气质——一种对感觉极度的感觉，一种对感受特别深入的意识，一种自我拆解的锐利智慧，一种用梦幻娱悦自己的非凡才具——震惊了那些注重内心、躬于内省的人们。

在里斯本的街头，我会见到这个人。在一个世纪之前的某一天，我走在大街上，碰到脸色苍白、像一张白纸一样行走的佩索阿，就像他与他制造的一位诗人（文森特·格德斯）相遇在一家饭馆，先是点头之交，随后就有一些简单的交谈。他的书是“为一个从来不存在的人写的自传”。佩索阿的制造就是为了告诉我们，文森特·格德斯是谁吗？谁也不知道。他只是一个文学人物，他是一个能够写诗的虚构人物。没有人知道他是谁，或者另外一个署名，名字背后的人站在哪里，他有多高，他想了什么，他做了什么……

1888年，费尔南多·佩索阿生于葡萄牙的里斯本。5岁时，父亲病逝，他遭受严重的精神打击。1896年，佩索阿随母亲和继父（葡萄牙驻南非德班领事）来到南非，在那儿读小学、中学和商业学校。他是一位羞涩而想象力丰富的少年，一位才华横溢的大学生，在开普敦大学就读时，他的英语散文获得了维多利亚女王奖。他狂热地喜欢上弥尔顿、爱伦·坡与惠特曼。1905年，17岁的佩索阿回到里斯本，次年考取里斯本大学文学院，攻读哲学、拉丁语和外交课程，常去国立图书馆阅读古希腊和德国哲学家的著作，并且继续用英文阅读和写作。在以后的三十年间，他几乎没有离开里斯本一步。从1908年开始，一直独自一人生活，先后在数家进出口公司任"外联人员"——主要是撰写商业信函、充当翻译等，这一工作保证了他的生活来源，又使他有时间从事创作。人们一直有一个误解，认为佩索阿生前默默无闻，事实上，从1910年起，佩索阿就成为葡萄牙现代主义运动的活跃领袖，他发表了当时人看来较为激进的诗学理论文章，如《从社会学角度看葡萄牙新诗》。他和朋友们创办了几个虽然短命却影响深远的文学刊物：《流放》《葡萄牙未来主义》和《俄尔甫斯》。他的爱情很简单，曾对公司里一位19岁的打字小姐奥菲莉亚一见钟情，他为她写过很多信，但结果却无疾而终。在生命的最后阶段，佩索阿已成为新一代青年诗人的精神导师。他把作品写在笔记本上、信封的背面、活页上、广告与传单上，以及谋生公司和他频繁光顾的咖啡馆的信笺上、信封上、碎纸屑上，早期课本的空白处。他对声名不屑一顾，他说："有时，我一想起那些名人，就会为他们的名声感到悲哀。成名是一种庸俗。……成名无可弥补，就是像时间，没有人能回头或者反悔。"1935年11月29日，佩索阿因肝病严重恶化而被送进医院，当天在一张小纸片上写下了最后一句话："我不知道明天将会带来什么。"第二天逝世。

他是一位隐形的文学巨人，一位超拔性的伟大诗人。

哈德罗·布罗姆甚至认为:“佩索阿在幻想创作上超过了博尔赫斯的所有作品。”

在他的书中,我们能够发现这样一位作者:“他身材高瘦,约三十岁。坐着的时候弓着背,站起来却不那么显眼,衣着属于不完全随便的随便。他苍白而没有特点的面孔有着一种受苦的表情,既不会引起别人的兴趣,也不能透露受的是什么苦。”他是一个什么样的人呢?作为佩索阿的一个“分身”,他的生活是这样的:因为没有地方可去,没有事可做,没有朋友可以探访,又没有兴趣看书,他平时晚上都留在租住的房间里,用写作打发漫漫黑夜。

他耽于沉思、冥想、写作,终生未娶,过着单调的生活,他的写作更多地带有孤独、忧郁、内省的气质,而更令人惊奇的是,他创造了一种“异名”的独特的书写方式。据考证,在他短暂的写作生涯中,至少用过 72 个异名,这些异名并非我们通常意义上所说的笔名。他“创造”出了三位著名诗人:阿尔贝托·卡埃罗、阿尔瓦罗·德·坎波斯和里卡尔多·雷耶斯。加上“佩索阿本人”,应该是四位诗人。他为这四位诗人编造身世,勾画相貌特征,为他们设计不同的思想风格,并以他们的名义写诗、发表作品,以至于葡萄牙文学界以为这三位“著名诗人”与佩索阿一样是确有其人。

卡埃罗中等身材,碧眼金发,1889 年生于里斯本(比佩索阿小一岁)，大部分时间都与姑妈住在乡下，在死之前曾短暂返回过里斯本。1915年死于肺结核。佩索阿声称，卡埃罗是他发现的一位大师，他们第一次相会于1914年3月8日。他是组诗《牧羊人》的作者，他本性天真，纯粹清澈，是一个感觉主义者，是一位源头性诗人。他不信神，不信形而上，大自然的一草一木均是一种客观存在。

另一位大师坎波斯生于葡萄牙最南边的一个小镇，个子较高，有犹太血统，是个双性恋者。早年在苏格兰求学，后来成为海洋工程师，大部分时间环游世界。中年后，他厌倦了花花世界，回到里斯本定居。他相信感官，甚至嗑药和吸食鸦片。著名的诗篇《烟草店》《向惠特曼致敬》《水手》等均出自坎波斯之手。坎波斯更接近佩索阿真实的内心世界和个人性格，或者说坎波斯代替了佩索阿完成了他在现实生活中无法完成的一种诗人生活。

雷耶斯呢？1887年出生，比佩索阿大一岁，是现代社会的游离者，他热爱古典文学，曾经教过拉丁文，主要职业是一名医生。在精神层面上，雷耶斯与坎波斯是一对截然相反的诗人。他们由于对抗而存在。雷耶斯是“文明的孩子”，是佩索阿精神疆域里人类优秀传统文化的继承者与现代实践者。

佩索阿本人，佩索阿称之为“半异名者”，是个烟鬼，常常站在窗前，做普通的梦或者白日梦。也许“佩索阿本人"的日常生活更接近于佩索阿所展示的真实人生。佩索阿拥有这么多的"异名",他说过"我不知道有多少灵魂"。这个"佩索阿本人"也一样成为"异名"体系中的一员,与其他异名者没有分别。

在佩索阿的"异名"体系中,卡埃罗、坎波斯、雷耶斯,加之"佩索阿本人"构成了一个光辉夺目的太阳系。奥克塔维奥·帕斯这样评价道:"卡埃罗是一个太阳,坎波斯、雷耶斯和佩索阿本人都在围绕着卡埃罗的轨道上旋转。他们之中的每一个身上都充满了否定和非现实的粒子。雷耶斯相信形式,坎波斯倚重感觉,佩索阿本人执迷于象征,而卡埃罗什么都不相信。他存在着。"佩索阿的"心灵分身术"使每一个异名者获得了各自的现实身份和独特的美学诉求,他们成为佩索阿文学理想的一条条支流,他们相互矛盾,相互融合,时而平行,时而交汇,创造了人类文学史上蔚为壮观的诗人矩阵。

佩索阿以这种独特的方式,从根本上摆脱了盘旋在抒情诗人头上的自恋的圈套,进入所有诗人都羡慕的"无我"的状态。他是"不动的旅行者",他行走在里斯本的街道上,如同行走在世界的任何角落;他是矛盾的多面体,隐匿在自我的迷宫,却试图洞悉世间的全部秘密。

佩索阿是以一种内敛的方式默默地观察这个世界,敏锐地拆分这个世界的人和事。

《不安之书》是佩索阿代表性随笔作品。中文版最早由韩少功先生翻译，节选了其中一部分，书名为《惶然录》。1913年初，佩索阿动手写《不安之书》，在给朋友的信中，他说："……太多的意念飞快地在脑里闪现，我只好随身带着笔记本，即使这样，写满的纸页那么多，还是不免遗失，有时因为写得太快，好些字不能辨认……"同年8月，佩索阿在《鹰》杂志上发表了一篇完整独立的随笔《在隔离的森林里》，明确注明"摘自撰写中的《不安之书》"，署名费尔南多·佩索阿。幻想性的生活和思想得到充分的发挥，他处理这一创造性的作品似乎游刃有余，他对此作品也相当自信，他告诉他的朋友："这是完全属于我个人的风格，文章发表之后，朋友们就开玩笑地称之为'隔离的风格'……"

在最初的构想中，《不安之书》是一本有规模有系统的书，在他遗留的笔记中，我们找到他的写作大纲：

1. 序言
2. 在隔离的森林里
3. 雨景
4. 斜雨
5. 巴伐利亚国王的丧礼进行曲
6. 日记

7. 不安之夜交响曲

8. 早晨

9. 三角形的梦

10. 我的静默夫人

11. ……

12. ……

当然,写作的进程一般都不会按计划来发展。从1913年起,他一直在写作此书,直到去世,前后22年。超过一半的篇幅都在他辞世前六年写下,可见其他的16年间,写作并不顺利。他抱怨道:“跟我的意愿相反,我的心态强迫我为《不安之书》努力工作。可是写出的全是片段,片段,片段。”他准备得越多,就越难以完成它。这部书的写作没有情节,也没有计划,最后界限也变得越发模糊。他在书中说:“我能完成并不是意志力在起作用,而是意志力在缴械投降。我动手去写是因为没有力量去思想,我写完是因为没有勇气去放弃。这本书代表着我的怯懦。”

通过引言,读者知晓:文森特·格德斯多年来一直被认为是《不安之书》的虚构作者,直到后来被里斯本的助理会计员贝尔南多·索阿雷斯所取代和合并。1928年,索阿雷斯被确定为最终作者,大概在同一年里他搬到了道拉多雷斯大街。文森特是被解雇的吗？或许并不是。作为一位短篇小说家，索阿雷斯获得了作者身份，他必须成为一位热情高涨的日记作者。较为确切的推测是，文森特的早逝（佩索阿曾打算提前将《不安之书》出版），是投胎转世于贝尔南多·索阿雷斯身上。佩索阿称索阿雷斯为他的“半异名者”，因为他并没有一个不同的个性，而更像一个受伤的佩索阿，他们名字的拼写也非常接近：Fernando 和 Bernardo，Pessoa 和 Soares。佩索阿与索阿雷斯有相同的癖好：喜欢身着黑大衣，头戴礼帽，在里斯本的大街上闲逛。佩索阿坦承：“在很大程度上，我与自己写下的散文几乎一致……我使自己成为书里的角色，过着人们从书里看到的生活。”在去世之前，佩索阿把几百份手稿放在一个大信封里，信封上贴着标签，上面写的是“不安之书”。

若热·萨拉马戈评价佩索阿时说：“没有任何葡萄牙当代作家追求佩索阿那种伟大。”不仅是葡萄牙，即便是全世界也没有几个作家有能力有胆识追求那种近乎绝对的伟大。萨拉马戈所言的“那种伟大”是什么呢？无疑是面对世界袒开胸襟，以大无畏的精神穿行在人世的荆棘中，是因对世界与人无私的爱才能产生的勇气与承担。《不安之书》正是如此，他用文字来捕捉人类灵魂中的暗物质。

B612号小行星，你在哪里？

——关于《小王子》

圣埃克絮佩里

当我痛下决心来说一说《小王子》的时候，我有点羞涩，就像向人们展示我一直隐藏在我体内的秘密情人一般。但，这有什么关系呢？我喜欢在夜晚，到夜空中寻找那颗B612号小行星——小王子和他的玫瑰住在那里。“这就像花一样。如果你爱上了一朵生长在一颗星星上的花，那么夜间，你看着天空就感到甜蜜愉快，所有的星星上都好像开着花。”所有的星星都开着花……

这是一本献给孩子同时也献给大人的书。此书开宗明义：“把这本书献给这个大人曾经做过的孩子。每个大人都是从做孩子开始的。（然而，记得这事的又有几个呢？）”但只有悲剧：作为大人，我们都忘记自己曾经做过孩子。《小王子》让我依稀想起自己还真的曾经做过孩子。我会想象有一个小时候的自己，留着一头酷似小王子蓬松杂乱的头发，躲在一个专属自己的星球上，一页一页地读着《小王子》，时而掩嘴窃笑，时而蹙眉感伤……

我们不必谈论《小王子》以及它的创造者耀眼的声誉——几乎地球上所有成熟的文字都翻译了它，阅读量仅次于《圣经》……它的作者在我们这颗蓝色星球上也是孺妇皆知，他是全世界小朋友们最为熟悉的大作家，他的头像印在法国钞票上……在迈克尔·杰克逊的葬礼上，人们唯一提及的文学作品是《小王子》，他们朗诵《小王子》中的片段："在这个熟睡的小王子身上，让我最感动的，是他对一朵花儿的忠贞。这朵玫瑰的影像……"

作者安托万·德·圣埃克絮佩里，是一位"来自星星的你"——一位星空诗人，他的作品为不幸的地球增添了些许光明。

圣埃克絮佩里，他的盛名与他的神秘同在。鲜活的圣埃克絮佩里温情幽默，笨拙幼稚，诚挚天真，这些性格特征使他成为一个"格格不入"的人，也正如他最为喜欢的诗人波德莱尔所说的那样：这些特质是令他在陆地上没有自如感的"巨人的翅膀"。他克服一切艰难险阻，毕生翱翔在浩瀚的天宇之间。他的一生都致力于摆脱大地的重力——那些人世间的种种规则与沉重，他义无反顾地回到自己的童年和本真的内心深处，只有在那里，他才有"鱼入深渊、鸟在云天"之感——即便付出生命的代价。

1900 年 6 月 29 日，圣埃克絮佩里生于法国里昂，是家中五个孩子中的一个。他天生是一位诗人，诗歌在他早年文学成长过程中起到了决定性作用，于他而言，诗歌是最为本质的生命存在。1912 年，他只有 12 岁，却留下了三行诗："机翼在夜的气流中颤动/马达用它的歌声安抚着沉睡的灵魂/太阳无泽的色彩从我们身边掠过……"

这明白无误地传递了他对于飞行的无限热爱。那一年，他随家人乘坐飞机，经历了人生中的第一次飞行洗礼。1914 年至 1917 年期间，作为住校生，他和弟弟先后在教会中学和玛利亚娜中学就读。1917 年 10 月，圣埃克絮佩里前往巴黎，准备报考海军军官学校。年轻的圣埃克絮佩里热爱波德莱尔，并展现出非凡的诗歌才能。后来，他在海军军官学校的口试中被淘汰，参加中央高等工艺制造学校入学考试时再度受挫……他没有文凭，没有工作，他只有迷茫和彷徨，还有对航空技术的酷爱……1921 年，幸运之神降临到他头上，通过服兵役，圣埃克絮佩里进入法国空军。当时飞行还是一件冒险的事情，在服兵役期间，他考取了飞行员证书。他是法国最早一代的飞行员之一。

1923 年退役之后，他尝试过多种职业；1926 年，圣埃克絮佩里进入拉泰科埃尔航空公司，他成了民航驾驶员，先后驾驶过邮运飞机和法航班机。一年以后他被委任为里奥德奥罗海湾朱比角的航空站指挥员，在非洲与美洲之间开辟艰险孤寂的航路。有三年时间，圣埃克絮佩里开着单引擎布雷盖 14 飞机穿越撒哈拉沙漠运送航空邮件。飞行令他着迷，事实上，对于很多人而言，这样的工作既艰苦又寂寞，会令人发狂。他写道：“我在西属非洲撒哈拉最偏远的角落过着僧侣般的生活。一座堡垒坐落在沙滩上，我们的破房子背靠堡垒而建，除此之外绵延数公里以内再没有别的建筑。涨潮的时候，海水将我们完全淹没……房子的另一边面向沙漠。”也许他在沙漠上与动物朋友们交谈，羚羊、变色龙、狐狸都是他的朋友，也许正是在这里，他遇到了小王子……1935 年，他的西茂恩号飞机在撒哈拉大沙漠坠落，所幸被人救出，在《小王子》中就这样表述:“离人类聚居地千里之外的荒漠中”，飞行员出了事故。尽管孤寂，但他仍感到自如，通过写作来打发叫人失眠的漫漫长夜。夜深人静的时候，他伏在两只汽油桶架着一块木板搭成的桌子上，写出了《南线邮航》，它的出版为圣埃克絮佩里赢得了荣誉，让他渐渐远离窘迫流离的生活，同时也加深了他的孤独。圣埃克絮佩里不喜欢城市，他向母亲倾诉，经历了朱比角的寂静之后，喧闹而且像触手般四处延伸的城市让他感到扫兴，“我寻思春天怎么能穿透这些千万立方米的混凝土。我想，到春天，窗台上的盆栽天竺葵会死掉。”在厌弃城市喧嚣的同时，他在不断怀念逝去的岁月。

他是一个不能承受陆地，不能承受重力及其带来种种不适感的人，他有一颗孩童的心灵，现在却被禁锢在一个巨人的身躯中。他通过飞行消解尘世的重力，他通过写作对抗这个物质世界。飞行，写作，直至消失在茫茫星空下……简单而直接，这就是他的生命旅程。

《小王子》写于1942年，其时圣埃克絮佩里身体和精神状况都非常糟糕，当时他和妻子侨居纽约。他在《要塞》中这样写道："因为我觉得人跟要塞很相像。人打破围墙以求自由自在，他也就只能有一堆暴露在星光下的、剩余的断垣残壁。这时他开始了无处存身的忧患。他应该把嫩芽萌生时的清香、母羊剪毛时的气息看作是他的真理。真理像一口井愈掘愈深。目光左顾右盼看不清上帝的面目。聚精会神、只知道羊毛重量的贤人，要比受夜间诱惑的轻浮女子，更多地了解上帝。"《小王子》的写作是他的一个精神出口，飞翔在空中的他离上帝更近，因而更多地了解上帝与尘世的秘密。

白天非常忙碌，有各种冗务需要处理，他没有时间写作。圣埃克絮佩里喜欢在晚上写作。他对朋友说起："通常晚上11点以前不可能动笔。我总是准备一个大托盘，上面摆了好几杯又浓又黑的咖啡。这时候我感觉很自由，可以集中注意力好几个钟头，我甚至可以连续写几个小时都不觉得疲惫或困倦，我从不知道自己什么时候会忍不住睡着。"《小王子》就是在这样的情形下完成的，创作者不知不觉地进入了梦乡，早晨醒来后发现自己以手作枕，趴在桌上。一旦动笔，他就像着了魔似的忘情工作。

《小王子》叙述者是个飞行员，他讲述了小王子以及他们之间友谊的故事。飞行员坦率地告诉读者自己是个爱幻想的人,不习惯那些太讲究实际的大人,反而喜欢和孩子们相处,孩子自然、令人愉悦。毫无疑问,叙述者正是圣埃克絮佩里本人。

主人公小王子是位神秘可爱的孩子,他住在一颗比他大一点儿的B612号小行星上,并且他是唯一的居民。陪伴他的是一株他亲自驯养的玫瑰。但玫瑰的虚荣自恋伤害了小王子。小王子告别小行星,离家出走,开始了遨游太空的旅行。他先后访问了六个行星,每个星球上都居住着一个人,他们分别是国王、爱虚荣的人、酒鬼、商人、点灯人、地理学家,这些人构成了书中的大人世界。国王象征着权力,他对一切都要求绝对的服从,所有人都是他的臣民。国王无法控制小王子打呵欠还是不打,也无法让太阳提前下山,国王的权力其实只存在于自己的脑中。爱虚荣的人认为别人都崇拜他,只听见一片掌声。他希望小王子承认他是星球上长相最俊、衣着最美、家财最富、头脑最灵的人,但是他的星球上本来就只有他一个人。商人住在自己的星球上,不停地计算星星的数量,想通过加法占有星星,甚至忙得没有时间抬头。还有荒唐的酒鬼、盲目的点灯人和教条的地理学家。这些星球上的人构成了一个复杂立体的成人世界——世故功利、虚伪贫乏,小王子以为荒唐可笑,可大人们沉溺其中。各种见闻使他陷入忧伤。在其中一个点灯人的星球上，小王子才找到一个可以作为朋友的人。但点灯人的天地又十分狭小，除了点灯人自己，不能容下第二个人。在地理学家的指点下，孤单的小王子来到人类居住的地球。人类的状况也令小王子沮丧，他们缺乏想象力，只知像鹦鹉那样重复别人讲过的话。小王子这时越来越思念自己星球上的那株小玫瑰。后来，小王子遇到一只狐狸，小王子用耐心驯服了狐狸，与它结成了亲密的朋友。狐狸说，"可是，你不应该忘记它。你现在要对你驯服过的一切负责到底。你要对你的玫瑰负责……"小狐狸献给小王子一个最为重要的礼物，他悄悄地告诉小王子：肉眼看不见事物的本质，只有用心灵才能洞察一切。运用这一秘密，小王子在撒哈拉大沙漠与遇险的飞行员一起找到了生命的泉水。最后，小王子在蛇的帮助下离开地球，重新回到他的B612号小行星上。小王子游历了欲望与虚荣的球星，见到了没有想象力的人类，这些可怕的大人世界是巨大的陷阱，试图使小王子跌落……但是他并没有被虚假的大人世界所征服，反而最终找到了自己，以及他心中的所爱。这种爱说起来简单——连结宇宙万物淳朴而简单的爱。而对于大人们，则是多么稀缺啊！

小王子的身上总是散发出淡淡的哀愁和忧郁……哦，他是圣埃克絮佩里！

最后的结局是："可我知道他已经回到了他的星球上。因为那天黎明，我没有再见到他的身躯。他的身躯并不那么重……从此，我就喜欢在夜间倾听着星星，好像是倾听着五亿个铃铛……"小王子的结局似乎预示了圣埃克絮佩里自身的命运。1944 年 7 月 31 日上午，他出航执行第八次任务，他乘着他的飞机走了，就像小王子，回到了他的星球——"充满童年记忆的世界……在我看来，这个世界总是比另外一个世界更加真实。"

圣埃克絮佩里就是小王子，他回到了他的 B612 号小行星上。当仰望夜晚的星空时，我总是不由自主地去寻觅这颗如尘埃般大小的行星。但愿孩子们能发现它！

《骑兵军》：直指人心的恢宏画卷

伊萨克·巴别尔

谁能用最简洁的语言描写出最富人性、最为深情的篇章？

谁能以短短数语就能活生生地向我们展示一个人奥妙无比的灵魂？

除了巴别尔，再也没有谁。

伊萨克·巴别尔，这位伟大的短篇小说大师至今未引起我们足够的重视。巴别尔是继卡夫卡之后能给世界以巨大震撼的又一位犹太作家。我们熟悉了乔伊斯、普鲁斯特、福克纳，但我们对巴别尔知之甚少。他只一本《骑兵军》就足以成为人类历史上最伟大的小说家了。在某种意义上讲，巴别尔也是被文学史“清洗”的作家，但是巴别尔小说强大的艺术感染力是任何文学史都埋没不了的，其实早在1930年，巴别尔尚处写作活跃之时，世界范围内的文学界就意识到巴别尔作为小说家存在的巨大价值。当年，《新世界》杂志发表了许多外国作家的来信，这些书信是对征询苏联文学意见的反馈，在大多数回信中，巴别尔都是名列第一。1986年意大利《欧洲人》杂志评选一百位世界最佳小说家，第一位就是巴别尔。博尔赫斯盛赞巴别尔，说他的短篇小说《盐》写得很优美，用的是诗一样的语言。卡尔维诺也为之着迷。

根据巴别尔自己所作的《自传》，我们对他得以有如下了解：1894 年，他生于敖德萨的犹太商人家庭。在父亲坚持下，他在 16 岁之前，致力于钻研犹太语、《圣经》《塔木德》。家里管束极严，少年时就读于敖德萨商业学校，这所学校的法语教师瓦东先生，是法国人，富有文学天赋。他教会了巴别尔法语，以至于巴别尔能对法国经典作家的作品倒背如流，这奠定了他的文学品位。

从商业学校毕业后，他去了基辅，1915 年又去了彼得堡。在彼得堡，他没有居住权，见警察就得逃。从这一年起，他开始向各编辑部投稿，可他总是吃闭门羹，所有的编辑都劝他去找家店铺当伙计。这个倔强的敖德萨人于 1916 年底去见了伟大的文学导师高尔基。高尔基对他说："敬爱的机灵鬼，作家的道路，布满了钉子，多数是大号的，不得不光脚走这条路。会出很多的血，并且会一年比一年流得多……"高尔基刊发了他的几个短篇小说。随后，他的导师这样教导他说："很显然，您不能详细了解任何东西，先生，可猜想了很多……还是到人间去吧……"

高尔基的"打发他到人间去"的决定是英明的，1917 年直至 1924 年，巴别尔先后在罗马尼亚前线当兵，在契卡、教育人民委员部、粮食发放处、反尤登尼奇的北方军、第一骑兵军、敖德萨省委等部门服务，在敖德萨苏维埃第七印刷厂任印刷出版编辑，在彼得堡和梯弗里斯任采访记者，等等。

爱伦堡给予巴别尔这样一个速写：“他身材不高，敦敦实实的，总是戴着一副眼镜，一双富于表情的眼睛透过镜片闪着时而狡黠，时而忧郁的光。”他平凡至极，几乎不像一个作家。他的朋友帕乌斯托夫斯基说，巴别尔给他第一印象就不是一名作家，“他全然没有作家千篇一律的特点：既没有悦目的外表，也没有丝毫的矫揉造作，更没有思想深刻的谈话。”他们相处越久，帕乌斯托夫斯基就越觉得巴别尔不可捉摸：“他是一个过于复杂的人，一个能纵观一切、明了一切的人。”他与哥萨克及马交上朋友，与俄罗斯农民攀谈，他也与马尔罗和托马斯·曼深入交流……在彼得堡时，他租住在一位工程师家中，他在《开始》中风趣地回忆说，“当她丈夫从单位回来，见到我这个神秘莫测的南方人时，便吩咐妻子，收起过道里的所有大衣和套鞋，并锁上从我房间通往餐厅的门。”天啦，他们把巴别尔想象成怎样的人啦？

对于写作的态度而言，巴别尔接近另一位小说大师——居斯塔夫·福楼拜，他总是写得很慢，甚至很痛苦，总是无法对自己感到满意。他自己说：“写时很困难，但喜欢反复修改。”他对自己要求苛刻，在他发表了让人难以置信的短篇杰作之后，他对自己的写作越发谨慎：“到了今天，我才开始接近职业化，我会查问自己，已经出版了成千上万篇坏东西上，不应该再添加一页废话。”一方面他打趣地说，人生就是为了快乐，为了同女人睡觉，为了在炎热的时节吃冰激凌；但另一方面，朋友们总是看到他在大热天，赤身露体地在从事写作，并没有吃冰激凌。在巴黎短暂的访问中，他也是一直从早到晚地在工作。他自况道：“我像充满灵感的犍牛似的在这儿劳动，我看不见世界……”爱伦堡极其钦佩地写道：“无论在什么地方，他都能为工作找到无人知晓的洞穴。这个罕见的‘乐天派’像个苦行僧似的劳动着。”他对自己的工作环境要求不高，只要有一张桌子、一个本子和一支笔就行了。他没有红木家具，没有书橱，没有秘书，他可以在饭桌上写作。在莫洛坚诺沃农村时，他租了一间鞋匠的房屋，那儿根本没有桌子，他便伏在鞋匠的工作台上写作（见爱伦堡《人·岁月·生活》）。而有趣的是，巴别尔也开玩笑地说到他的朋友爱伦堡的工作条件，恰恰与他相反：“不过伊利亚·爱伦堡却喜欢在车站写作，反正是挨着喧闹的汽车马达工作，爱伦堡的所有佳作，都是在他每天早晨光临的咖啡馆里写出来的。”

1920年，26岁的巴别尔以战地记者的身份，跟随布琼尼统帅的苏维埃红军第一骑兵军进攻波兰。战争历时三个月，巴别尔目击了欧洲历史上也是人类历史上最后一次大规模的空前惨烈的骑兵会战。电影《第一骑兵军》从影像上呈现这支骁勇善战、所向披靡的哥萨克骑兵。据曾在波军服役的美军飞行员回忆，从飞机上俯瞰这支在沙皇铺设的通往波兰的官道上行进的劲旅，但见每行八人八骑，哥萨克将士个个头戴圆桶形翻毛帽，身披有头套的黑色大氅，肩上斜挎着步枪，腰悬长马刀和短匕首，在尘土中威武雄壮、浩浩荡荡地驱驰，几公里外不见尽头……

在征战过程中，巴别尔写下一本厚厚的日记。日记中的人与事为他创作《骑兵军》积累了丰富的素材，同时，日记所呈现出深邃诚挚的洞察力和精确洗练的文风也恰恰是巴别尔一以贯之的写作面目，在《骑兵军》中更显得卓尔不群。直到1923年，他自己承认“终于学会了怎样明了地表达自己的思想，而又写得不太冗长”。那时他重新开始写作。在“人间”的经历真正给予巴别尔生活的伟大力量，从而使他的小说轻而易举地脱离了空洞的想象，超越了低级的生活经验。这一点，也有助于我们理解巴别尔为什么在评价青年纳博科夫(其时流亡德国，笔名西林)时说:“写是会写，只是他没什么可写。”

战后，他陆续写作和发表了这些小说。《骑兵军》不是一部传统意义上的小说，它是由若干个简短的短篇小说组成的恢弘画卷。它既投射了斑驳的时代之光，又映照了深邃的人性与命运。《骑兵军》如同一幅直指人心的木刻版画，直接犀利、深刻精确地洞察了复杂残酷的人性真相，并且具有普遍意义。

文学手法并不重要，重要的是一个作家如何以自己独特的眼光凝视这个世界。帕乌斯托夫斯基对巴别尔的理解符合我对他的看法，他认为巴别尔与其他作家最大的区别并不在于独特的创作手法，而在于他对世界独特的理解，尤其是那种特定的、具体的、多方面的战斗人道主义观。帕乌斯托夫斯基和巴别尔曾经住得很近，他们一起到海边的沙滩上散步，敏感的帕乌斯托夫斯基精确地记载了巴别尔有价值的谈话，其中有一段话极好地揭示了巴别尔写作的秘密（也是痛苦），巴别尔说："为了剔除自己作品中你最喜欢的然而却很多余的那些部分，需要强健有力的手指和绳索般粗壮的神经，有时还得不惜鲜血淋漓。这仿佛是自我折磨。"当我们看到行云流水而又回味无穷的《骑兵军》和《敖德萨故事》之时，能否还会念想作者经历了怎样的"自我折磨"才铸炼出这美妙的作品呢？当我偶尔作为一名作者的时候，我或多或少地理解巴别尔作为写作者的处境。因而，我们更加珍视和敬重这些艺术家，他们为了完成艺术品面临着持久的痛苦、灾难和自我折磨。

巴别尔向往最为纯洁的美好，并把它作为真理，但在同时他也决不回避生命的阴暗和残酷。在《我的第一只鹅》中，战友们（就是那些哥萨克）听说"我"是来自彼得堡大学的法学副博士，一脸的鄙夷。后来这位红军军官"一个箭步窜上前去，把鹅踩倒在地，鹅头在我的靴子下咔嚓一声断了，血汩汩地直往外流。雪白的鹅颈横在粪便里，死鹅的翅膀还在扑棱"。文质彬彬的"我"竟然能做出如此残忍的行动，而且不顾老婆子的号啕大哭，这就是残酷的生活、残酷的真实。但在晚上，"我做了好多梦，还梦见了女人，可我的心却叫杀生染红了，一直在呻吟，在滴血"。战争的沉重残酷，让我们看到一个个活生生的人，小说中的人不再是我们所说的典型人物形象，而是包含了作者对世界深切理解的真实，呈现出一种令人窒息的真相的面目。"他似乎是用探照灯照亮了人类生活的一个钟点，有时是一分钟。他总是选择人类最为袒露的那些状态……"（爱伦堡语）巴别尔总是非常恰当地选择了这"一分钟"，一瞬间，我们就看到了人性之残忍和活力；就是这非同凡响的"一分钟"，使巴别尔成为唯一的巴别尔，明显有别于其他同样有才华的作家。

在《马特韦·罗季奥内齐·巴甫利钦柯传略》中，"我"把自己的老爷尼基京斯基翻倒在地，用脚踹他，足足有一个小时。而事实上，他就要开枪打死这个曾经羞辱过他夺走他心爱女人的庄园主，但在这时，"我"领悟了生活：开枪打死一个人可以使我们摆脱这个人，然而开枪打死他，其实是对他的一种赦免，对自己却是一种可憎的解脱，枪杀他人是与人的灵魂格格不入的，如果人身上有灵魂，且能显示其存在的话。面对这样的思考，我们能够领悟什么样的生活？在众多的时候，我们对强权、对金钱所持的态度，谁又能想起自己的灵魂呢？

如果一位作家对应一种动物的话……例如这样说，福楼拜对应的是蜥蜴，因为他说："我不过是一条文学蜥蜴，在美的伟大的阳光下取暖度日，仅此而已。"卡夫卡对应的是甲壳虫，因为《变形记》中这样写道："一天早晨，格里高尔·萨姆沙从不安的睡梦中醒来，发现自己躺在床上变成了一只巨大的甲虫。"那么，巴别尔对应的动物无疑是马。哥萨克永远为马而疯狂，战马是他们生命中的另一半，没有马匹就没有第一骑兵军。《战马后备处主任》《一匹马的故事》《阿弗尼卡·比达》《一匹马的故事续篇》和《千里马》等篇章直接讲述与战马相关的故事。在《泅渡兹勃鲁契河》中，巴别尔的如椽之笔描述了月光下骑兵军的战马泅渡过河的场景："庄严的朗月横卧于波涛之上。马匹下到河里，水一直没至胸口，哗哗的水流从数百计的马腿间奔腾而过。"巴别尔像木刻版画家一样，把马的各种形象锲刻在恢弘的作品《骑兵军》中。他称自己与马有非同寻常的友谊，在1920年7月18日的日记中他写道："伟大的同志情谊：对马的亲近与爱，占去每天的四分之一，没完没了地更换和谈论。马的角色和生活。"（见

巴别尔《骑兵军日记》）

作为朋友和作家，帕乌斯托夫斯基无比尊重和钦佩巴别尔，他被巴别尔的特有才具深深折服，他总是被震撼。第一次阅读巴别尔，他“被那种情景震惊了，同一个词，在巴别尔笔下，就显得更加饱满、更加成熟和更加生动。巴别尔的语言以不同凡响的新颖紧凑使人震惊，或者更确切地说，使人着迷”。在我看来，巴别尔的《骑兵军》和《敖德萨故事》中每一篇都写得深情、优美，他“技法超群，发前人所未发”，诗的语言铺满了文本，同时又震撼人心。我努力寻找一种表述方式或者拥有能量的术语来评述巴别尔的写作，在经历无数个搜肠刮肚的时日之后，我能想到的最好的词语是来自中国禅宗的一个常见词语，叫“直指人心”。我以为巴别尔的作品能够以最为简洁的表达直指人心，直接抵达生活的本质，并能迅疾地抵达诗的境界。

巴别尔是犹太人，这是他必然的命运。在《我的鸽子窝的历史》中鲜血淋淋地展示了接受沙皇命令的哥萨克清洗犹太人的场景，事实上这来源于他真实的童年记忆。《骑兵军》中有一篇极其短小的作品叫《科齐纳的墓葬地》，描述了一个犹太人家族的墓葬地，在墓碑上，刻着这样的诗文：“啊，死神，啊，贪婪之徒，不知餍足的窃贼，你为什么不出于怜悯放过我们，哪怕只一次？”这是犹太人内心的呐喊，就像犹太诗人保罗·策兰那些璀璨的作品一样令人动容和心碎。

《骑兵军》发表后，引来了激烈的争论。那些“哥萨克”制度的维护者最先发出了批评的声音，认为它是“强盗主义之歌”。而巴别尔也适时地声明，他的意图并不是要为第一骑兵军写一部英雄赞歌。他在 1920 年 7 月 20 日的日记中写道：“我们的哥萨克是些什么人？他们有很多层面——吵闹，彪悍，职业，革命性，残忍的动物性。”巴别尔笔下的骑兵军战士也就是红色哥萨克完全忠于他的观察与思考。在 1924 年——《骑兵军》发表的当年，骑兵军的领导人布琼尼将军（后为苏联元帅，我们可以在电影《第一骑兵军》中一睹他光辉的形象）就开始四处指责小说没有写出骑兵军战士的真实形象。1928 年，对于《骑兵军》的批评越发尖锐，成为一个政治问题，但高尔基一直保护着巴别尔。高尔基在《真理报》和《消息报》上撰文反驳，其中写道：“布琼尼同志曾痛骂巴别尔的《骑兵军》，——我觉得这是没有道理的。因为……巴别尔美化了布琼尼战士的内心……”被惹怒了的布琼尼在《真理报》发表致高尔基的公开信，他怒不可遏：“巴别尔从来不是，而且也不可能是第一骑兵军的真正的和积极的战士……他的尝试成了讽刺和诽谤。”

1937 年，针对全体俄国（苏联）知识分子的大规模清洗开始了，在文化界采取的措施就是消灭文化精英，以震慑文化界。小说家巴别尔正是这些精英中的代表之一。1939年5月15日,巴别尔在莫斯科郊外的别墅被捕,他被指控的罪名是:“在筹备针对苏共和苏维埃政府领导人的恐怖行动中,从事反苏维埃阴谋恐怖活动。”在刑讯逼供下,巴别尔作了伪证。但在1940年1月1日,苏联最高法院军事庭最后一次审判中,他否定了前面的证词,在最后陈词中他作了无罪申诉,他说:“我是无辜的,我从未做过间谍。我对任何反苏行动一直持反对态度……我只请求一件事,让我完成我的作品。”显然,作家最后的请求是天真的,随后的1月27日,巴别尔被枪决,他的遗体在顿河修道院的火葬场火化。

巴别尔使我们看到世界的真实,人性的真实和灵魂的重要性,而他付出了生命的代价。巴别尔经常说,人的幸福是主要的……

他是那么开朗,幽默,他的朋友总是引用他的话说,世界是“五月的草地”,一切是那么美好,未来是光明的……他在写到自己的战友赫列布尼科夫时说的:“相同的情欲激荡着我们。世界在我们两人的眼中犹如五月的草地,犹如上面走着女人和马匹的草地。”(见《一匹马的故事》)“五月的草地”只能停留在纸上,而这个创造出“五月的草地”世界的作家被迫离开了,骑上他的战马永远地离开了,带着他那春意盎然的眼睛和致命的微笑……

在整个这一群多似蚂蚁的作家中，人们等待着让狼过去，让狼群过去

——胡安·鲁尔福与《佩德罗·巴拉莫》

胡安·鲁尔福

每当我打开《佩德罗·巴拉莫》时，首先映入眼帘的就是被折叠的那一页，还有被铅笔重重划上线的这句话："雷德里亚神父很多年后将会回忆起那个夜晚的情景。"没错，我们似曾相识，它与那个激动人心的著名开头几乎一模一样："许多年之后，面对行刑队，奥雷良诺·布恩地亚上校将会想起，他父亲带他去见识冰块的那个下午。"是的，多年以后，《佩德罗·巴拉莫》直接导致马尔克斯开启他的《百年孤独》之旅。

加西亚·马尔克斯毫不隐讳地承认胡安·鲁尔福就是他的师傅，并认为鲁尔福对于他的文学生涯具有决定性作用："发现胡安·鲁尔福，就像发现弗朗兹·卡夫卡一样，无疑是我记忆中的重要一章。"32岁的马尔克斯谦逊地说，他当时已经写了五本书但基本上还是籍籍无名的作家，他出版了《枯枝败叶》《没人给他写信的上校》《恶时辰》《格兰德大妈的葬礼》。他清醒地认识到："作为作家最大的问题是，在写过那些书以后，我觉得自己进了一条死胡同，我到处寻找一个可以从中逃脱的缝隙。我很熟悉那些本可能给我指明道路的或好或坏的作家，但我却觉得自己是在绕着同一点打转。"他必须要寻找到一种既有说服力又有诗意的写作方式。这时候，胡安·鲁尔福和他的《佩德罗·巴拉莫》出现了。

面对《佩德罗·巴拉莫》，马尔克斯完全眩晕了，沉溺其中而不能自拔，他几乎能倒背如流："当有人告诉卡洛斯·维罗，说我可以整段地背诵《佩德罗·巴拉莫》时，我还没完全从眩晕中恢复过来。其实，不止如此：我能够背诵全书，且能倒背，不出大错。并且我还能说出每个故事在我读的那本书的哪一页上，没有一个人物的任何特点我不熟悉。"

作者胡安·鲁尔福除了写作《佩德罗·巴拉莫》之外，还有一本短篇小说集《燃烧的原野》，尚有少量剧本。显然，他不是那些著作等身大作家中的一员，而是极少量作家家族中的登峰造极者。作为二十世纪最伟大的短篇小说大师，他成为一名深刻进入众多作家内心世界的"影子作家"，他沉默地征服了无数写作者。

1918 年，胡安·鲁尔福出生在墨西哥的农村——一个叫萨约拉的村庄。不幸的是，他 6 岁丧父，随后母亲也撒手人寰。他从小就在孤儿院长大，所受教育极其有限，他没有受过正式高等教育，只是在墨西哥内政部移民局供职时，去大学旁听过文学课程。在此期间，他乘职务之便，跑遍了全国各地，同时，还大量地阅读了国内外的文学名著。

用西班牙语阅读和写作的鲁尔福，早在青年时代，就意识到传统的西班牙文学作品雕琢伪饰，是一种过分求工的装饰品，由于种种清规戒律导致了它的干瘪乏味、苍白无力。这是荒唐的，他必须否定这种文学。他用直截了当、一针见血的叙事开始了他的写作生涯。

为了抵制原有西班牙文学的苍白乏味，鲁尔福选择了他熟悉的世界——墨西哥赤裸坦荡的乡村，这里有“朴实的人物，村镇的人物，乡下的人物，而不是城市的人物”。

童年的记忆和经验给了鲁尔福以自信。他的人物都是朴实无华的，他的表达方式同样朴实而简洁。

当他再次回到自己故乡的时候，鲁尔福萌发了写作《佩德罗·巴拉莫》的想法。他说：“当我回到童年时代的村庄时，我看到的是一个被遗弃的村子，一个鬼魂的村子。在墨西哥，有许多被遗弃的村庄。于是我头脑里便产生了创作《佩德罗·巴拉莫》的念头。是一个这样的村庄给了我描写死人的想法，那里住着可以说是即将死去的生灵。”

小说写的是一个叫“科马拉”村庄的故事，在那里说话的、生活的、活动的人物，都是死人。事实是，死人是不会生活在我们的时间和空间里的。生命的问题是时间。鲁尔福认为：“生命并非是按时间顺序前进的过程，我们的生活是分为片段的。有一些时刻，有一些日子，是空白。生活不是奇妙的，但它充满了奇妙的事情。”“当进行描写时，就只叙述事实，当没有发生什么事情时，就保持沉默，就像在生活中那样。”这种观念使得鲁尔福彻底采用“片段写作”和“沉默性”时间观，打破传统小说的线性时间和正常的前因后果逻辑顺序，从而使叙事文本自由地在过去现在和未来之间飞翔，同时又把现实世界与人物定格在“现在时”中，使得连接过去与未来的“现在”成为一种永恒的存在。

初稿写完，他又大量地删改了他的手稿，“我意识到了一个错误，一个所有作家通常会犯的错误，我以为自己是个杂文作家，发表议论是最重要的，小说自然应该写那些议论，有多余的插话和解释，当我改变结构的时候，就把这一切给剔除了。考虑到同读者的合作，我就只保留了一百五十页……”鲁尔福痛下杀手，删除了一切不必要的交代和议论，只留下世界最为真实的影像，而作为创造者——“上帝作者”彻底地隐身了。他清楚他的所作所为：“《佩德罗·巴拉莫》就是一部充满沉默的小说，只有那些事实得到了叙述，我竭力不离题，不讲哲理，所以才有那些悬空的头绪和空白，读者可以去填补，可以按自己的意愿去解释。我很希望有很多种解释，没有任何观点的倒是我自己。”文字和叙述都回到了最简单原始的状态——简洁明了而直指人心。

《佩德罗·巴拉莫》叙述了一个庄园主的发家、残暴、奸诈的一生，一个爱恨交织与心力交瘁的人生图景。故事的发生地——科马拉村，格壁塔娜草沿着废墟疯长，时间失去了支撑，已然坍塌，死去的亡灵在风中汇聚、诉说，记忆之河豁然打开，命运的幽暗与时代的悲伤渐次展开。同名主人公是一个立体的人物，盘踞着科马拉村多年。在婚礼上父亲被刺杀，家道中落，他从此充满仇恨，并开始大面积报复。其父死后，他掌管家务，工于心计，不择手段，为了重振家业，迎娶普雷西亚多，霸占了她的财产。佩德罗一生阴险狡诈、欺男霸女、草菅人命且抛弃了上帝。在他的荒淫统治下，村庄里的人们有的悲惨死去，有的投奔他乡，科马拉村成为一个逐渐僵死的地方，充满了亡灵和鬼魂。像所有残酷的暴君一样，法律只是他手中的玩具。他说："什么法律不法律的，富尔戈尔！从今以后，法律该由我们来制定。"他和苏萨娜青梅竹马，后来苏萨娜搬家到外地后，他仍深爱着苏萨娜。三十年后，他为了得到苏萨娜而杀害了苏萨娜的父亲，但是此时苏萨娜已经疯了，而且已垂垂老矣，佩德罗仍深爱她，但他没办法了解充盈她内心的痛苦，更得不到她的爱。儿子米盖尔·巴拉莫和妻子苏萨娜的相继死亡，给佩德罗重重一击，从此他一蹶不振。为了报复科马拉人没有跟他同样悲伤，他放手不再过问自己已全部掌管的科马拉，导致庄园败落，土地荒芜，科马拉成了荒村，成了冤魂幽灵聚集之地。最后佩德罗因拒绝了阿文迪奥为了葬妻请求施舍而被杀死。而阿文迪奥也是被他抛弃的儿子之一。

除去佩德罗·巴拉莫之外，小说还涉及了以下这些人物：胡安·普雷西亚多、爱杜薇海斯太太、达米亚那·西斯内罗斯、多罗托阿、米盖尔·巴拉莫、雷德里亚神父、苏萨娜、富尔戈尔、多尼斯和他妹妹等。这些人物形象有的鲜明，有的模糊，他们都承担着属于自己的命运。

作品大致分为两条线索，一是一个名叫胡安·普雷西亚多的人来到科马拉寻找父亲佩德罗·巴拉莫，与许多鬼魂打交道，在这过程中，佩德罗·巴拉莫的形象慢慢凸显了出来；一是通过其他人的叙述，对佩德罗·巴拉莫人生图景的直接追溯，层层叠加，从不同侧面来映射一个完整立体的佩德罗·巴拉莫。两者交错编织，相互交汇生长，使得佩德罗的形象鲜活、复杂，层次感和立体感跃然纸上。狡诈残暴的他，面对爱的丧失和死亡的召唤，也不得不“重重地跌倒在地，身子像一块石头一样慢慢地僵硬了”。鬼魂游荡的僵死村庄，残忍绝望的日常生活，坚实地构成了拉丁美洲的孤独，形成了它独特而隐迷的人间寓言。

《佩德罗·巴拉莫》将意识流与梦幻、对话与独白、顺叙与追忆等多种叙事手段集合于一身，时空自由切换、生与死自然过渡，小说散发出迷离诡异的气息，同时小说也成为精美绝伦的艺术品。《佩德罗·巴拉莫》无与伦比的技巧，与拉美文化本身的神奇与荒诞的巧妙结合，使小说产生巨大的魔力，并几何级地发酵。同时，它是如此的浑然天成，真可谓“虽由人作，宛自天开”。

当我看到鲁尔福拍摄的一些照片，《佩德罗·巴拉莫》中“科马拉”的形象一下子就建立了起来：颓废、腐朽、衰败、生长……绝望中残存诗意，废墟中孕育活力。1945至1955年之间，鲁尔福回到墨西哥农村，拍下大量照片：考古遗址的建筑遗迹、破败的房子、殖民建筑和空置的城镇，记录革命后墨西哥人民的现实生活。一直到鲁尔福去世前6年，他才开始公开发布那些照片——他从来没想过要成为一名摄影师。

马尔克斯预言般地评价鲁尔福：“他的作品不过三百页，但是它几乎和我们所知道的索福克勒斯的作品一样浩瀚，我相信也会一样经久不衰。”事实也是如此，鲁尔福曾对他的写作充满自信，他说：“就像人们讲的那样，在整个这一群多似蚂蚁的作家中，人们等待着让狼过去，让狼群过去。”鲁尔福，正是拉丁美洲文学地图上的那只孤独的狼——一个人的“狼群”，蔚然大观，诚然如是！

卡尔维诺：不知疲倦的魔术师

卡尔维诺

卡尔维诺有一句话:“在许多工作中,宏愿过多会受到谴责,在文学中却不会。”它一直被我挂在嘴边,反复被引用被申述,我想首先要把这句话归还给卡尔维诺本人。因为他有伟大的宏愿,惊人而可怕。英国小说家安东尼·伯吉斯说,“卡尔维诺为他的文化做出了弥足珍贵的贡献,我们的文化也沾了光。读他的书,我们更能确信我们的信仰:无论在什么地方,人类的抱负和志向基本上是一样的”。

卡尔维诺作为一名永远向前的作家而被我们铭记。在20世纪,这个大师辈出的时代里,在乔伊斯、卡夫卡、普鲁斯特、博尔赫斯、巴别尔、贝克特这样的大师登上各自小说顶峰之后,小说家似乎只有面临溃败的命运了。而卡尔维诺就是在众多溃败之路中拔开了一条小径,开辟了他的荆棘密布之道。

伊塔洛·卡尔维诺于1923年10月15日生于古巴哈瓦那附近圣地亚哥的一个名叫拉斯维加斯的小镇。父母是意大利人,都是热带植物学家。1925年,卡尔维诺刚满两岁,全家就迁回到父亲的故乡圣莱莫。卡尔维诺自幼就与大自然结下了不解之缘,他不仅从父母亲那里学到很多自然科学知识，熟知名目繁多的奇花异草以及树林里各种动物的习性，还经常随父亲去打猎垂钓。这种与众不同的童年生活，给卡尔维诺后来的文学创作打上了深刻的烙印，使他的作品始终富有寓言式童话般的色彩而别具一格。1942年高中毕业后，卡尔维诺在都灵大学上农学系。第二次世界大战期间，在被德国人占领的20个月的漫长时间里，卡尔维诺与他弟弟积极参加了当地游击队组织的抵抗运动，卡尔维诺的父母亲曾因此被德国人羁押作人质。

他加入过意大利共产党，随后又退出。他的一生中的大量时间和精力都是在阅读和写作中度过的。他做过记者、编辑、出版社的文学顾问。原计划，1985年的秋季，卡尔维诺受哈佛大学之邀，将在著名的诺顿讲座发表自己的文学演说。为此，他写了一些稿子，这些稿子也就是我们现在看到的《未来千年文学备忘录》。9月初，卡尔维诺在休假期间突患脑溢血，当即就被送到医院抢救。主刀医师表示从未见过如此复杂的大脑构造。待动完手术麻醉药性过去之后，他望着那些塑料导管和静脉注射器，仍不乏想象力地风趣地说："我觉得自己像一盏吊灯。"9月19日卡尔维诺终因医治无效在意大利佩斯卡拉逝世，终年62岁。当日发行的《纽约时报》发表了《卡尔维诺的讣告》，《讣告》称："卡尔维诺先生被民间故事、骑士和骑士精神、社会寓言和我们这个时代的传奇吸引：满载惊人的或滑稽的故事的记忆芯片——稍微歪斜地——就好像被嵌入他那未程式化的、无拘无束的大脑里一样。他笔下的角色也不曾沾染上现代社会日常生活带给人们的焦躁情绪。"如果不出意外，1985年诺贝尔文学奖应该颁发给卡尔维诺——当世唯一的"作家们的作家"，在此之前，他已获得提名。不过，我们都很清楚，卡尔维诺这样一位超拔性的作家，不需要这样的桂冠为他加冕。他无可争议地置身于卡夫卡、乔伊斯、普鲁斯特、博尔赫斯、纳博科夫等一流大师之列。

卡尔维诺生来就是一种遗憾。这种遗憾似乎注定他无法成为那些"独自成峰"的小说家，可事实上并非如此，他构成了一座延绵不断的群山。《树上的男爵》宣言了一种对抗：男爵的对抗是不可更改的，坚如磐石，从一爬到树上时起他就决不足踏陆地，并在"树上的理想国"度过一生。这是美的，引人遐思的……几乎达到一种完美。《分成两半的子爵》《不存在的骑士》都从20世纪现代文学那里汲取了足够的营养，卡夫卡和加缪似乎可以更轻而易举地完成这种写作。《我们的祖先》三部曲(《分成两半的子爵》《树上的男爵》和《不存在的骑士》)对于卡尔维诺而言，是他的古典时代。这些作品质朴、纯粹，而且能够给读者更多的空间，至今仍然是我深爱的作品。当然，在这里，我们看到的是他伟大的学徒时代，作为作品的遗憾也彰显无疑。

生不逢时不是他的错。卡尔维诺很快就意识到他那些“优秀小说”的局限。他必须开辟另外的道路。《看不见的城市》和《命运交叉的城堡》是他崭新的开始，这种开始甚至也具备了人类文学史的意义。他把文学系统看作一种自我封闭的“符号体系”，它与社会、经济、道德构成了一种无限的调和关系，他说：“文学只不过是一组数量有限的成分和功能的反复的转换变化而已。”《命运交叉的城堡》可以说是在当时结构主义和符号学这些学术流行时代里的产物，是那些学术或者思想(卡尔维诺曾蜗居巴黎15年，与那些思想界的人很熟)启发他的实践，它融合了人类文化和各种人生意义的探讨，是一部写作野心大于实际艺术价值的书。正如他自己在《未来千年文学备忘录》中所说，有些作者追求的是那种包涵无限的书。显然，他的企图正是如此，而这样的书是无法写作的。《看不见的城市》几乎肩负同样的使命，它成为探讨城市的百科全书。这完全是由小说的方式写作而成的城市研究报告，它涉及了细小的城市、连绵的城市、隐蔽的城市、城市与记忆、城市与愿望和城市与天空。书中的马可·波罗告诉我们：“为了回到你的过去或者找寻你的未来而旅行。”卡尔维诺是一个多么可爱而又喜欢游戏的人。我甚至能想像他对于纸牌、谜语和各种小魔术的痴迷。《帕洛马尔》和《宇宙奇趣》则充满了伪学术的色彩(勿宁说,对学术充满了嘲讽,甚至在无意间嘲讽了后来者艾柯的写作),卡尔维诺本人在此注入一种怪异的激情——荒诞地构筑世界的想像和天马行空的叙述推进。他在这时绝对是个疯狂的写作者。很难想像,温文尔雅的卡尔维诺竟然写出如此疯狂的作品。因而我们也更能理解,人是多面性的,写作者也不例外。

“你即将开始阅读伊塔洛·卡尔维诺的新小说《寒冬夜行人》了。请你先放松一下,然后再集中注意力。……”他就是这样开始《寒冬夜行人》的……《寒冬夜行人》把从古至今就存在的“书中之书”的隐喻推到了极致,这既是文化积累的记录,也是文学创作的胜利。同时,它构筑了读者和作者关系的全新神话,这个神话打破了以往那种作者和读者类似于“上帝”与“选民”的固定关系,把读者也推入到作品的创作中来。虽然这种推入是虚构的,读者并未因此就真正地参与了《寒冬夜行人》的创作,但至少改变书籍神圣的观念、打破作者至高无上的权威。甚至,还使我们在阅读时产生更多的遐想:我应该这样写……对于《寒冬夜行人》,评论家迈克尔·伍德把卡尔维诺与博尔赫斯及纳博科夫进行了趣味盎然的类比:“他是拥有奇特幻想、构思缜密的异常杰出的缔造者。卡尔维诺在文学世界里的地位处于豪·路·博尔赫斯之东、弗拉基米尔·纳博科夫之西。博尔赫斯梦见图书馆，纳博科夫神驰文本和纪事文学，而卡尔维诺描绘了许多脆弱的图景，虽然收录成册，但却饱受拆散或错得离谱的威胁。”

《未来文学千年备忘录》是卡尔维诺留下的一部小部头文学鉴赏圣经。它无可争议地成为文学史上对文学认识的最为睿智的书，即便它薄得可怜，只有区区六万字（译成中文）。这是他的讲演稿，他放弃了如下标题：几种文学价值观、文学价值观之选择、六项文学遗产……他所展示的是千年文学的美学原则，这些原则是：轻逸、迅速、确切、易见、繁复。他的计划八篇，完成应是六篇，而第六篇没找到，所以我们能看到的只有五篇。因他的溘然离世，讲稿并未完成。也许卡尔维诺的脑中还有更多，可惜上天不假时日。《备忘录》中对小说的深入更是引人入胜，对他的原则给予最充分地丰富。在卡尔维诺“异峰突起”的作品“群山”中，《备忘录》作为一部文论无疑也是一种卓异存在，是20世纪世界文学中一座高耸入云的雄伟山峰。这也就是蒂博代所言的“大师的批评”，它闪烁着睿智的光芒、覆盖着追寻艺术本质的原始愿望。这样的批评也许只有在博尔赫斯和普鲁斯特这样的前辈的文字中可以寻觅。

《为什么读经典》是卡尔维诺的阅读呈现，是他的趣味所在，“毫无功利的阅读，用于我喜爱的作家，他们富于诗的本质，这是我所相信的真正食物。”当然，这种趣味也是经过筛选的，他喜欢一切有优点的作家，但他核心谱系是“以心灵的秩序对抗世界的复杂性”的作家，他们是瓦莱里、博尔赫斯、格诺、纳博科夫……这本书画出一个简洁的画像，它是关于读者卡尔维诺的。

卡尔维诺给读者最大的馈赠便是你阅读他的书永远不会倦怠。因为他本身就是一名不知疲倦的魔术师，他花样翻新，写作技巧和写作题材层出不穷，他永远不写相同或相似的东西。他的写作没有故乡，唯一不变的是他不停游走的行吟诗人的本色。他从来都不为他已有写作作任何的停留，他永远奔跑在从未显现的道路上。这对一名作家而言，几乎是不可完成的任务。古今中外，那么多的大作家固守一个题材、运用某种相当稳定的手段……而不会像卡尔维诺那样不停地转换。有个很奇怪的标准说，要想成为当今小资有一条就是阅读卡尔维诺，我想这可以归纳为“喜新厌旧”的生活情趣吧，卡尔维诺正是这样的一个人，只不过他的“文学秉性”被轻轻地位移为“小资情调”了！我无限赞成这一个“小资情调”的标准，一旦换成“村上春树”则会让我生厌。我至今还无法确定，对于一名作家而言，是去形成一种所谓的“风格”还是不停地转换即所谓“创新”更重要呢？谁知道呢？写作者的静滞与奔跑都是写作的可能，姿态也同样的美。

写作对于卡尔维诺而言，就是“打木片游戏”，任何现实的缘由与世间的暴力都无法褫夺他游戏的权利。终其一生，他热爱着这一行当，并“以此来消磨时光”。请允许我抄录一遍他那篇微小而又伟大的寓言——《谁满意》，这是我向他表达敬意的最好方式：

曾经有一个村，在那里一切事都被禁止。

现在，唯一不被禁止的是打木片游戏，臣民们聚集在村后的草地上，在那里玩打木片游戏，以此来消磨时光。

由于禁令是每一次颁发一条，并且始终是出于正当的理由，所以没有任何人觉得有理由抱怨或者无所适从。

过去了许多个年头。有一天，官员们看到再没有理由禁止一切了，于是派出一些传达员，通知臣民们可以做他们想做的那些事情。

传达员们去了那些臣民们通常聚会的地方。

“你们知道，”他们宣布道，“再不禁止任何事了。”

那些人继续玩打木片游戏。

“你们明白吗？”传达员们坚持强调，“你们可以自由自在地做你们想做的事情了。”

“好吧,”臣民们回答,“我们玩打木片游戏。”

传达员们焦急不安地提醒他们,有多少美好而有益的事情,是他们过去曾经做过、今后又可以做的。但他们却听不进去,而是一击接着一击地继续玩这种游戏,甚至连气都不喘一下。传达员们看到他们的尝试都落空了,于是便去把此事告诉了官员们。

“很简单,”官员们说,“我们禁止打木片游戏。”

这回人民起来反抗了,杀死了他们许多人。

人们毫不浪费时间,又玩起了打木片游戏。

《喧哗与骚动》：密西西比下的蛋

威廉·福克纳

威廉·福克纳出生在美国南方的密西西比州。密西西比是美国最典型的南方,因密西西比河而得名。福克纳曾在一篇同名的随笔中这样描述它:“最开初,那儿是一片荒野——往西,沿着那条大河,是一片片淤积的沼泽地,由一条黑黢黢、几乎纹丝不动的臭水沟镶边,这里密不通风,长满了芦苇、藤蔓、柏树、梣树、橡树与橡胶树;往东,是阿帕拉契亚山脉逐渐消失处,是野牛在那里啃啮青草的阔叶林山脊与大草原;往南,是长有松树的贫瘠土地,那里还有挂满苔藓的栎树和面积更大、地更少水更多的沼泽,处处潜伏着鳄鱼与水蛇……”那里还有浣熊、狐狸、麋鹿等野生动物,他一生的大部分时间,都在细心研究他的家乡。在这样一块土地上,骑马、钓鱼、打猎这些事对于福克纳而言可谓驾轻就熟。他讲过一个牧师的故事,这是典型的南方故事,也许只有密西西比才有。说有一个牧师为了让当地的野蛮人加入教会,就去挑选“那里个头最大、最凶狠,一看就知道是最为歹毒的人”,对这人说:“我要跟你打架。要是你打败了我,你可以把我身上的钱全都取走。要是我打败了你,那我可要给你洗礼,让你入教。”接下去便是把那人打败,揍得体无完肤,让他改邪归正，变得老老实实，然后再挑战下一个个头最大，最为凶狠的人，接着又收拾再下一个。

终其一生，福克纳主要生活在密西西比的牛津镇上。牛津镇(Oxford)，得名于英国的牛津，也是密西西比大学所在地。福克纳与密西西比大学的缘分有两段，一是作为该校的学生，上了一年学；一是在该校邮局谋过局长的差事，也就相当于大学邮政所负责人吧！

很多报道和评论把福克纳描述为乡下人，基本上也符合他一生的经历，这一点连他自己也是承认的。但是福克纳家族曾经有过辉煌的过去，这常常激发起福克纳建功立业的强烈愿望。他的曾祖父威廉·克拉科·福克纳，被称为福克纳上校，既是种植园主，又是军人、作家、政治家。他还是最早经营该地区铁路的企业家。牛津镇留下老上校鲜明的痕迹。在福克纳上校身上汇聚了南方三大传奇：有关家庭出身和个人风采的骑士传奇，有关“南北战争”之前“黄金时代”的种植园传奇，有关裁撤投机政客议员席位的光荣拯救者传奇。老上校死后，坟头矗立起一座8英尺高的意大利大理石雕像。讲述老上校的传奇故事成为当地人人参与的一项仪式。更为有趣的是，福克纳上校还写过几本小说和一些游记作品，我们是不是可以说：福克纳还是很有家学的？9岁时，福克纳开始说出一个理想：“我要像曾祖父那样当个作家。”这几乎成了小家伙的口头禅。不错，多年之后，他确实成为作家，但远非福克纳上校可以比拟的那种伟大作家。

福克纳的早年经历可以用他自己写给出版商的简单自传来说明，也基本属实：

1. 上过大学；

2. 粉刷过房屋；

3. 在新英格兰诸城做过杂活、刷过盘子；

4. 在纽约洛德泰勒书店当过店员；

5. 当过银行和邮局职员；

6. 战争期间在皇家空军服役。

福克纳正儿八经念的书不多。他在镇上的牛津公立小学上学，十一年级的考试中，他遭遇重大的挫败，无法完成高中学业。一战结束后，虽然没有拿到高中毕业文凭，但凭借他退役军人的身份进入了密西西比大学。可是他终究还是荒废了学业，第二年一开学他就辍学了。在密西西比大学，福克纳写诗，也写剧本，还得过一个诗歌奖。他的诗人形象常常大打折扣，游荡、酗酒时他便无法扮演风度翩翩的唯美派，而只能是不修边幅的落拓派。他受到的正规教育比他同时代的任何一个优秀作家都要少，他甚至少于海明威，海明威虽然没有上过大学，但他学会了好几种外语，在巴黎还跟埃兹拉·庞德和格特鲁特·斯坦因学习过写作。这个南方的乡下人主要通过

“没有指导和毫无关联的阅读”来提高自己。

要说到写作上的师傅，也许舍伍德·安德森可以稍稍算是福克纳的写作老师。1925年，在新奥尔良，福克纳与安德森为邻，他们经常在一起散步，青年福克纳倾听安德森的轶事或者关于一匹马的梦境和寓言。他收获甚丰的是领悟作家将成为何样的人：作为一个作家，你首先必须做你自己，做你生下来就是那样的人；也就是说，做一个美国人和一个作家，你无须口是心非地歌颂任何传统的美国形象。

安德森对于福克纳的意义至关重要的是，他给福克纳指明了创作的方向：“是什么地方关系不大，只要你能记住它也不为这个地方感到羞愧就行了。因为，有一个地方作为起点是极端重要的。你是一个乡下小伙子；你所知道的一切也就是你开始自己事业的密西西比州的那一小块地方。不过这也可以了。”是的，这个乡下小伙子终生开垦的就是他的“那一小块地方”，这个地方也是美国，也是世界，即便它那么小，那么微不足道，但牵动着人类共同而永久的怜悯之情。

看起来，福克纳似乎有点“匮乏”，他的旅行旅程不及任何一个同时代的文学家。他到意大利和巴黎待了六个月，他在塞纳河左岸没有交到什么朋友。虽然他也被马尔科姆·考利称为“迷惘的一代”，是牛逼哄哄“流放者归来”美国作家中的一员。但确切地说，这里真没他什么事。他见过乔伊斯。他后来说，“我还花点力气到乔伊斯所在的咖啡馆去看他两眼。他是我记得的、当年自欧洲见过的唯一的文学家”。《尤利西斯》对于《喧哗与骚动》的影响是显而易见的，有人问过福克纳这个问题，但他总是以小说家的口吻说，哦，我没读过《尤利西斯》。以至于后来有人揭发，在福克纳的床头数十年来一直摆放着的就是乔伊斯的《尤利西斯》。福克纳后来接受《巴黎评论》记者采访时说：“看乔依斯的《尤利西斯》，应当像识字不多的浸礼会传教士看《旧约》一样：要心怀一片至诚。”

值得福克纳一再吹嘘的是参加英国皇家空军飞行员的事。1918 年，操着一口并不纯正的英国口音和几份伪造文件，这个假英国人居然被接受去受训当皇家空军飞行员，并送到多伦多进行训练。倒霉的是，当他的飞行训练即将完结的时候，战争结束了。

1928 年，对于文学史而言，也许是个重要的日子，因为这一年，福克纳创作了《喧哗与骚动》。这一年也是福克纳一生中最为神奇的一年。作为世界名著的《喧哗与骚动》的初稿大约只用了两个星期的时间。

这一年的头几个月，福克纳开始写几个短篇，并偶尔打工维持生存，他一般是做油漆工，大到高楼圆顶，小至房屋招牌，甚至还给黄铜号角上过光。同时，他与青梅竹马的情人埃斯特尔和睦相处，按她的话说：丈夫富兰克林的情人在海外，自己的情人在牛津。

福克纳为密西西比建立了一个跨度长达200年的镜像——约克纳帕塔法县。这个虚构的地方也正是我们所熟知的那块“邮票大小的土地”。1928年春，福克纳写一个名为《黄昏》的短篇小说，但是他觉得不过瘾，有很多隐藏在他内心深处的东西还没有表现出来。有一个画面浮现出来：“画面上是梨树枝叶中一个小姑娘的裤子，屁股上尽是泥，小姑娘是爬在树上，在从窗子里偷看她奶奶的丧礼，把看到的情形讲给树下的几个弟弟听。我先交代明白他们是些什么人，在那里做些什么事，小姑娘的裤子又是怎么会沾上泥的，等到把这些交代清楚，我一看，一个短篇可绝对容不下那么许多内容，要写非写成一部书不可。后来我又意识到弄脏的裤子倒很有象征意味，于是便把那个人物形象改成一个没爹没娘的小姑娘，因为家里从来没有人疼爱她、体贴她、同情她，她就攀着落水管往下爬，逃出了她唯一的栖身之所。”

这个小姑娘就是福克纳心中“心智的女儿”——凯蒂。福克纳本人并没有妹妹，但童年时他的生活中就有这样让他倾慕的小姑娘，因而于他而言描写凯蒂并不困难。

他先从一个白痴（班吉）孩子的角度来讲这个故事。

据说，白痴在密西西比北部是颇为常见的，这为福克纳提供了坚实的现实依据。班吉是天生的白痴，没有正常的逻辑判断能力，不过记忆力惊人。他不知道走路时尾随他的影子是怎么一回事儿。他的衣服被篱笆勾住了，照看他的小黑人过来帮他弄开。在小时候，姐姐凯蒂一直照看着他，提醒他把手放在口袋里，以防被冻伤。凯蒂对于班吉而言，是冷冰冰世界里唯一温暖的港湾。

可是写完以后，福克纳觉得意犹未尽——还是没有把故事讲清楚。于是又写了一遍，从另外一个兄弟（昆丁）的角度来讲，讲的还是同一个故事。昆丁是叙述者，故事也从4月7日开始。

还是不能满意。他继续再写第三遍，从第三个兄弟（杰生）的角度来写。杰生是大弟弟，是个十足的混蛋、投机者。他恨凯蒂，恨周围的一切，他只爱金钱。他把爱情当作交易，他虐待外甥女。

还是不理想。把这三部分串在一起，还有什么欠缺之处？第二部分成为第一部分的解说和对位，第三部分又成为第二部分的解说和对位。第四部分是一个“局外人”的视角，讲述了四个孩子与其一家人——一个颓废崩溃的世界。康普森家族是当地的名门望族，祖上有人做过州长、将军等，还拥有大片土地和大量黑奴，这有点像福克纳家族。而现今的情形变了，父亲康普森死了，母亲成为满腹牢骚的怨妇，对人对事冷漠无情，昆丁在酗酒中度日，杰生像个小混混一样游荡着。凯蒂背叛了她家族的道德规范和礼教，成为一名放荡女子，与人鬼混怀孕，却与另外一人草草结婚。婚后，她又发现被丈夫欺诈，只好把私生子丢在家中，远走高飞，离开家庭。

小说从班吉遥远的陌生世界开始，进入昆丁私密的主观世界，又转入杰生卑微的日常世界。重要的事情说三遍，这个乡下小伙子就这样在不经意间完成了他的神话。密西西比的地理、生活、传统、道德以及南北战争之后的迅速溃败成为福克纳写作《喧哗与骚动》的最重要的柱础，毫不夸张地说，作为世界名著的《喧哗与骚动》正是密西西比在二十世纪二十年代下的一枚文学之蛋。

在写作期间，福克纳仍与他的文学发小菲尔·斯通经常碰面，不过他几乎没有告知后者在干什么。菲尔一直就有对福克纳写什么怎么写指手画脚的老毛病。一天晚上，福克纳请菲尔到他的房间，读了《喧哗与骚动》的部分章节给他听。菲尔莫名其妙，后来他只记得福克纳讲一个小姑娘的啥事情，小姑娘满屁股泥浆爬到树上看看屋里的大人们在干什么云云。

1929年6月20日，戏剧性的一幕发生了：算是福克纳青梅竹马的女朋友埃斯特尔在与富兰克林结婚11年后离婚，与福克纳举行婚礼。经过不懈努力，《喧哗与骚动》在1929年10月出版发行了，顿时引起了文学界的注意，连一些觉得它无法理解的评论家也承认这是一部非同小可的小说。不幸的是，小说发行两周后，美国经济大萧条，销路惨淡，但这已不能阻止福克纳作为伟大小说家前进的步伐，接下来他完成了一系列杰作，构建了一个庞大的帕县体系。

《洛丽塔》：这不是一个道德问题

弗拉基米尔·纳博科夫

约翰·厄普代克说纳博科夫“以其丰富炫目的才智和令人欣喜的沉思冥想而独树一帜，这在美国文学中差不多是空前的”，我相信纳博科夫在二十世纪阔大的世界文学版图中也是独自成峰，卓然而空前的。他是一位令人目眩的现代主义大师，一位高傲的移民，一个“没落的贵族”，同时也是一位国际顶尖的鳞翅目昆虫（蝴蝶与飞蛾）学家。纳博科夫的自画像是：从没醉过酒，从不说脏话，不加入任何团体，信奉自由主义；以写作和研究蝴蝶作为双重职业；乐于住在宾馆，喜欢午后散步，散步时与妻子八卦文学；时常失眠，每周可能做两次噩梦；躺着著文，站着写诗，坐着作注，裸身捕捉蝴蝶；最向往的地方是图书馆和大峡谷。

弗拉基米尔·纳博科夫生于1899年4月22日，这一天也是莎士比亚的生日。出生地是俄罗斯的圣彼得堡，它不光是曾经繁荣昌盛和严酷专制的帝国首都，还是孕育俄罗斯文学天才的摇篮，涅瓦河畔闪烁着普希金、托尔斯泰、果戈理、曼德尔施塔姆等大师的印记。他出生在一个真正的贵族之家，而不是众多名人哀叹着炫耀的追溯若干代的“贵胄之后”。他的祖父是两任沙皇的司法大臣，他的父亲是颇有勇气的自由主义者，以政治家和新闻记者的身份参加注定失败的俄国民主立宪斗争。纳博科夫是在俄国贵族宫廷中长大的最后一代。在这个家里，有三种语言可供使用：俄罗斯语、英语、法语，所以纳博科夫在孩提时就能讲这三种语言，他自称："我在能够阅读俄文之前就会阅读英文了。"他年少早慧，活泼好动，生机盎然。友人这样描述他：生着一张富有表情、充满生气的脸，一双追根到底的慧眼，眼里总闪着嘲弄人的火花。这与我想象中纳博科夫是吻合的。他喜欢捕捉蝴蝶，他也喜欢阅读。在10到15岁之间，纳博科夫宣称他读过的英文、俄文和法文的小说诗歌比他一生任何其他五年中都要多。他热爱勃洛克和曼德尔施塔姆。

1919年，纳博科夫的世界土崩瓦解，草草地了结中级教育，他们全家都成为流亡者，前往英国定居。在英国，纳博科夫成为剑桥大学三一学院的一名学生，主修动物学，还学习俄国文学和法国文学，他踢英式足球，写诗，和数位小姐谈情说爱，但一次都没有光顾过大学图书馆。

1922年，纳博科夫迁往柏林与家人同住，这一年父亲被俄罗斯君主制主义分子刺杀身亡。他以教授五门互不相干的课程——英语、法语、网球、拳击和诗体学——来维持生活。1923年，纳博科夫在柏林开始写作，署笔名"西林"，在俄罗斯侨民中获得了些许声誉。小说大师巴别尔也注意到这位流亡的俄罗斯年轻作家，他在爱伦堡面前评价青年纳博科夫说："写是会写，只是他没什么可写。"我尊重巴别尔，部分地臣服于巴别尔；同时也努力地去理解纳博科夫，也要为纳博科夫去辩护。纳博科夫正在运用一种超越现存文学秩序和文学批评价值体系的方式开展他的工作。1937年，诗人兼批评家霍达谢维奇在《关于西林》中说："通过仔细研究可以发现，西林主要是形式上的、写作手法上的艺术家。"对于纳博科夫而言，"写什么"似乎并不重要，重要的是"怎样写"。他与巴别尔的文学方程式迥然不同。

1937年，纳粹德国已不容其他族裔生存，纳博科夫和夫人薇拉只好移居巴黎。在巴黎，他见到了自己仰慕已久的大师、《尤利西斯》的作者詹姆斯·乔伊斯。乔伊斯还亲自参加过纳博科夫的朗读会，事实上在世界文坛籍籍无名的纳博科夫不过是顶替一位生病的匈牙利小说家，听众也是一群乌合之众而已，他回忆道："令人难忘的安慰来自这样一幅奇观：乔伊斯坐在匈牙利足球队员中，交叉双臂，眼镜片闪着微光。"另一次会面是与他们共同的朋友一起吃饭，饭桌上，乔伊斯向他们询问俄国蜜蜂酒的确切成分，每个人的回答都不尽相同。

欧洲生活的这些年里，纳博科夫出版了小说《王，后，杰克》《圣诞故事》《防守》《眼睛》《荣誉》《黑暗中的笑声》

《天赋》《斩首之邀》，并发表和出版了一些翻译作品、诗集、诗剧和剧本。

1941年纳博科夫全家移居美国，纳博科夫先后在美国自然历史博物馆、纽约博物馆工作。1942年，任哈佛大学“比较动物学博物馆”研究员，每周三于威斯利学院教授俄国文学。1945年，纳博科夫与夫人薇拉成为美国公民。1948年，任康奈尔大学俄国与欧洲文学教授。

纳博科夫的到来，在事实上改变了美国文学的版图。厄普代克毫不吝惜溢美之词：纳博科夫给美国文学带来了一种全新的冒险精神和炫耀精神，帮助恢复了它天生的幻想气质，也给他自己带来了财富和国际声誉。

长久以来，纳博科夫在康奈尔大学上课，同时到美国西部捕捉蝴蝶，并且还为《大西洋月刊》和《纽约客》撰文。1949年始，纳博科夫试图写一本书，他的内心深处有一个隐忧：担心不能出版。写了二十多页的草稿即将被扔进垃圾堆，谢天谢地，这时伟大的“艺术保护人”、也就是纳博科夫的夫人薇拉及时出手，挽救了这一手稿——改变了《洛丽塔》夭折的命运。假如这份手稿也是有故事主题的话，那么它延展了纳博科夫在小说《天赋》中的主题：一位成熟的男人，娶了一个单亲母亲，幻想能够占有她的女儿。他自忖：这部小说将是“一枚炸弹”，也许将会破坏他在美国千辛万苦努力打开的生活与写作的局面。直到

1953 年，这部小说才宣告结束。

用了五年的时间写作一部危险的作品，同时前景未卜，能不能出版还是个疑问。纳博科夫先前的担忧应验了，《洛丽塔》完稿后，先后遭到四家神经紧张的美国出版社的拒绝。1955 年 9 月，历经挫败的《洛丽塔》终于在巴黎的奥林匹亚出版社以色情小丛书的一种被推出。1958 年才正式在美国本土出版。

“洛丽塔，我生命之光，我欲念之火。我的罪恶，我的灵魂。洛—丽—塔：舌尖向上，分三步，从上颚往下轻轻落在牙齿上。洛。丽。塔。”这段《洛丽塔》中经典的开场白经过时光的发酵，已然成为与卡夫卡《变形记》和马尔克斯《百年孤独》开篇一样璀璨夺目的文学结晶，传递出伟大杰作特有的气息和味道。

现在我们清楚这枚“炸弹”也只不过有着一个平常的外衣。结构上，小说包含“引子”和“正文”两部分。

“引子”部分的叙述者为小约翰·雷博士，他叙述了这本书的由来和自己的感想。我们从序中得知他曾经编辑过一本获奖图书《意思有意思吗?》，在书中讨论了某些病态和性反常行为。鉴于这一经历，“亨伯特·亨伯特”的律师委托他来编辑这份手稿。他还透露：亨伯特已经在审判前几天因心脏病突发死于狱中，一个月后洛丽塔也香消玉殒，死于难产。

正文部分以第一人称叙述，即亨伯特的自述。13岁时，他狂热地爱上了12岁的小姑娘阿娜贝尔，然而命运无常，未等他们偷尝禁果，阿娜贝尔便死于伤寒。阿娜贝尔的死在亨伯特整个沉闷的青春岁月里构成了一道无法清除的障碍，使得他在成年后养成了一种畸形病态的爱好——喜欢9至14岁之间的某一类小女孩，病理学上称为“恋童癖”。亨伯特在美国的叔叔去世，要求他去继承财产，于是他从欧洲来到美国。37岁的亨伯特邂逅12岁的少女洛丽塔。他欣喜若狂，仿佛看见死去的阿娜贝尔在眼前复活。为了接近洛丽塔，他成了洛丽塔家的房客，甚至娶了洛丽塔的母亲。在一次车祸中，母亲丧生。真是天意使然，以继父的身份，亨伯特去夏令营接出了洛丽塔。当晚在“受惑的猎人”旅馆，二人发生了关系。他带着洛丽塔驾车周游全美，简陋的汽车旅馆成了他们的习惯性住所。直到有一天，洛丽塔被人拐走。四年后，亨伯特意外地收到了洛丽塔的来信，她已有孕在身，嫁给了一个残疾的退伍兵。亨伯特心如刀绞，弄清诱拐者就是剧作家克莱尔·奎尔蒂，他找到后者，以洛丽塔父亲的名义开枪打死了他。亨伯特被捕了，在狱中的56天里写下了《洛丽塔，或一个纯洁的鳏夫的自白》。他坚信，自己的这部作品能使洛丽塔永远活在后世人们的心中，这是他们二人能够共享的唯一的不朽。

随着《洛丽塔》的广泛传播和库布里克导演的同名电影的上映，纳博科夫也遭受了各种谩骂和误解。把《洛丽塔》视为色情小说的读者们大失所望，一开始，他们以为这是一本淫秽之书。他们期待着性场景的升级和延续。然而，这些东西反而消失殆尽。想当然地把《洛丽塔》视为说教小说的读者也看走了眼。1956年，纳博科夫不得不亲自撰文，做一些自我说明，当然他不在乎，这不是澄清什么。他强调，风格和结构是一部书的精华，伟大的思想不过是空洞的废话。他在文章《谈谈一部叫做〈洛丽塔〉的书》中指出："我既不是说教小说的读者，也不是说教小说的作者。……《洛丽塔》毫无道德寓意。在我看来，一部虚构的作品得以存在仅仅在于它向我们提供了我直截了当地称之为审美快感的东西。"他反对那些故作深刻的主题解读，譬如说"古老的欧洲诱奸年轻的美国"或"年轻的美国诱奸古老的欧洲"；更反对那些流于表面的批评，包括"色情"或是"反美"的指责。纳博科夫关心的不是亨伯特的道德取向，而是作为一个人的复杂性和自主性。他说："人类的生活可以被喻为一个人用各种各样的方式在围绕自我跳舞。"对于读者而言，每个人心中都有一个洛丽塔，正如略萨所言：一部伟大的文学作品总是容许各种互相对立的读者层的；一部伟大的文学作品又是一个每位读者可以从中发现不同含义、不同特色、甚至不同故事的潘多拉的盒子。《洛丽塔》的情况就是如此。

关于《洛丽塔》和纳博科夫的关系，我想他本人的认识最为睿智："有名的是《洛丽塔》，不是我。我是一个默默无闻的、再默默无闻的小说家，有着一个不知该怎么发音的名字。"当然这是他罕见的谦逊姿态。有人把亨伯特等同于纳博科夫。这完全是无厘头的臆测或者是不怀好意的栽赃。小说的主题跟纳博科夫本人及其生活毫无关系。纳博科夫是一位出了名的好丈夫，好父亲。在二十余年大学教授生涯中也毫无污点，即便在女大学生眼中这位教授才华横溢、独具魅力而又令人着迷。

一定要缘木求鱼地寻觅《洛丽塔》主题的话，我想它与另一部伟大的作品——《追忆似水年华》有着相同的主题，那就是时间。从直接的感官阅读来看，小说最起码展现了时间与记忆、虚构与现实及意识与存在等诸种关系。亨伯特是典型的"纳博科夫式"主人公，既是现实中的流亡者，也是精神上的流亡者，洛丽塔则是"时间的虚幻岛屿"。

《洛丽塔》是如何炼成的呢？这部杰作绝非心血来潮的偶然之作。纳博科夫坦言，《洛丽塔》是他特别钟爱的作品，"这是我最艰难的一部作品——主题是那么遥远，远离我自己的情感生活；在用我的混合才能把它写得真实的过程中，我感到特别快乐。”这神奇的混合才能即是：诗的激情和纯科学的精确。在他的笔下，一切都是具体而微的呈现，具体到直接呈现于他和我们的视觉、听觉、味觉、嗅觉和触觉之中，他用意象思维，而非语言思维。对于纳博科夫而言，小说中的一切都来源于创造，所有描述都要求完美。

提及纳博科夫对于中国的想象，我以为他在小说《天赋》中略有表达，他让主人公的父亲踏遍天山、戈壁、长江上游、拉萨、阿尔金山和塔克拉玛干，寻找蝴蝶的踪迹。那位蝴蝶专家不正是他自己吗？如果你试图通过想象建立纳博科夫的印象，那很简单，就再读一遍《洛丽塔》吧！

《没有个性的人》:精神写作的最高综合

罗伯特·穆齐尔

我倾向于认为罗伯特·穆齐尔是这样一座山峰，所有的人都远远地看到它，它超拔尘世，高耸入云，但是几乎没有人有勇气去攀爬。很多人走到跟前，仰望一番，随后默默绕道走开了。

毋庸置疑，穆齐尔是二十世纪文学版图中最为宏大的星辰，他纵深广阔却不甚夺目。米兰·昆德拉不遗余力地擦拭着这盏神灯，试图让更多的读者发现他的光芒。归于他的荣耀也姗姗来迟。托马斯·曼很早就认识到："在当代德语作品中，我从未如此有把握确信后世的判断。《没有个性的人》毫无疑义是最伟大的……这本书的生命将会超出这几十年，并会在未来获得崇高的荣誉。"昆德拉遗憾地认为一些伟大作品至今没有影响当今作家们的创作：贡布罗维奇的作品，布洛赫的作品和穆齐尔的作品（以及卡夫卡的作品，当然）在它们诞生后三十年才被发现，不再有必要的力量去吸引一代人，和创造一个运动；它们由别的美学派别所阐述，后者在许多语言方面与它们对立，它们被尊重，甚至欣赏，但是没有被理解，以至于我们世界小说历史中最伟大的转折的发生并没有受到注意。是的，这种对于伟大作家漠然视之的状况在中国文学界尤为普遍。

穆齐尔是一位“写作困难症”的典型患者。他的作品的难产度在作家中恐怕是绝无仅有的。例如为了撰写两篇总计一百多页的小说(《爱情的完成》和《对平静的薇罗妮卡的诱惑》),他用了整整两年半的时间,而且用他自己的话来说还要“没日没夜地工作”。至于他的代表作《没有个性的人》的写作故事则更离奇:穆齐尔从1905年开始构思这部小说,20年代开始动笔,前后易稿凡20余次,一直到他1942年去世,书仍然没有完成。也就是说,这部小说花了近40年的工夫(当然,它也是一部百万字以上的文学巨著)。穆齐尔把他常常深陷困难的写作状态称作“写作瘫痪”。他甚至说:“我的传达欲望极其微小:已经偏离开作家的类型了。”他极其客观冷静地看待写作这件事,他认为作家的工作目的不是引起公众的关注,因为“我所有的创造都不愿意传达这样的观点:现在你们必须听我说”!他不愿意在公众面前表现自我,他宣称:“作者应该只在他正式穿戴好的人物中展示自己。”

1880年,罗伯特·穆齐尔出生在奥匈帝国境内的维也纳,那时候哈布斯堡帝国已日薄西山。现在,这个帝国已湮灭在历史的尘埃中,就像一个虚构而已。卡夫卡和穆齐尔都是奥匈帝国的臣民,他们小说中所描述的官僚机构,军队、法庭和监狱,甚至精神病院,都是奥匈帝国的系统。假如称这些作品为故事的话，它们都是关于奥匈帝国的故事。这一消逝帝国的象征意义又不容忽视，卡夫卡眼中的官僚机构(《城堡》)、穆齐尔作品中的社会机制都是来自这个庞大悠久却轰然解体的帝国机理。

穆齐尔出生于奥地利的上层社会。17 岁时，父母把他送进寄宿制的维也纳军事技术学院，在这里，他只关心自己的穿着打扮，关心自己的肉体。1903 年，他进入柏林大学攻读哲学、心理学、数学和物理。他对技术颇为着迷，他设计出一种光学仪器，并获得了专利，二十世纪二十年代此仪器还曾一度投入了商业生产。1906 年，他出版早熟的处女作——长篇小说《学生特尔莱斯的困惑》，获得好评，该小说的背景就是军校。1908 年，他获得哲学博士学位，但他还是放弃了可以成为大学教授作为职业的学术生涯，决定投身于写作事业。他的一生既无固定职业，也无固定收入，并且他一生从未有丝毫实际的打算去谋求这二者中的一个。他只认为自己是一名作家，他拒绝考虑其他的可能性。

穆齐尔是怎样一个人呢？他在自己的《日记》中写道："我自大，轻慢，沉默寡言，优雅，快乐。"埃利亚斯·卡内蒂是穆齐尔忠实的拥趸，他笔下的穆齐尔是这样的："他具有乌龟的某些习性，许多人认识的只是他的外壳。一旦某个环境对他不合适，他就会一言不发……他不承认任何人具有优先地位，这是对的：在维也纳可以被称为作家的人中，甚至可以说，在整个德语区作家中，没有人比他重要。”穆齐尔讽刺普鲁士科学院是“黑暗学院”，该学院拒绝吸纳他为会员，原因是“他太聪明了，无法成为一个真正具有创造性的作家”……他有精确而睿智的评论，比如他说“诗就是只能在诗中表达的东西”……

一战爆发后，穆齐尔参军去了意大利前线，为最后的帝国拼力一战，据说颇有战功。战争结束后，他慨叹自己最好的创作时光被荒废。而他死去的时候，二战还在如火如荼地进行中。在他的《日记》中，他说自己生不逢时，遭遇了“倒霉的时代”，他一生都在试图搞清楚“欧洲到底出了什么问题，要这样糟践自己”。在随笔《无救的欧洲》中，他说，我们不是有太多理智、太少心灵，而是在心灵问题上太缺少理智。一战后，他迅速开出了一份浩大的创作计划。1921 年，他出版剧本《想入非非的人》，1924 年出版短篇小说集《三个女人》，都获得了文学奖项。

穆齐尔不再满足于小规模作品的创作，他决定放弃其他尝试，而把整个身心投入到一项根本无法展望未来的工作中。他要创作一部小说，描述维也纳上层社会，展示战前奥地利怪异的图景。这个奥地利正是“整个现代世界的一个极其清晰的缩影”。这就是《没有个性的人》。

小说大致描述了这样一个情节：在奥匈帝国，人们成立了一个委员会，筹备1918年庆祝皇帝弗朗茨·约瑟夫在位70周年的活动。同一年，德国将庆祝德皇威廉二世在位30周年。所以，人们称奥地利的这个行动为“平行行动”。而1918年，这两个王国双双覆灭。主人公乌尔里希是这个委员会的秘书。中心事件是“平行行动”，中心人物是乌尔里希。目前我们所能见到的这部小说由三个部分组成：

第一部《一种序言》，是对主人公乌尔里希的介绍。故事的开始设在1913年8月，此时乌尔里希32岁。在此之前，他有三次“变成一个著名人物的尝试”（与作者的经历颇为雷同），分别是当军官、工程师和数学家，但是都没有取得令他满意的成功。他寻找现实感，但最后他认识到，对他来说，可能性比中庸的、死板的现实性更重要。他退而采取一种消极被动的只对外界事物起反射作用的态度，于是他觉得自己是一个性格只取决于外部条件的“没有个性的人”。一种敏锐的分析被动性是他最典型的态度。

第二部《如出一辙》，乌尔里希参与了一个名为“平行行动”的委员会，其目的是筹备1918年的庆祝奥皇弗朗茨·约瑟夫在位七十周年。在此过程中，乌尔里希渐渐看透现代现实的秘密运行体制，便思念互不相称事物的自由，憧憬某种纯真的、天堂般的体验。到了小说的下半部，乌尔里希反复体验到脱离现实世界的状态，体验到一种空间界限的消失。乌尔里希并不把这“另一种状态”理解为对理性的否定，这些经验一再迫使其对现实进行批判和审查。

第三部《进入千年王国(罪犯们)》，乌尔里希在父亲死后，试图和胞妹阿加特一道去经历这“另一种状态”，在和她的共同生活中他才觉得生活有了意义。这“如出一辙”的、“幽灵似的”世界渐渐被淡忘，兄妹俩的爱是一次“进入千年王国”之旅，他们互相视作灵魂伴侣，或者如书中说的“连体双胞胎”。但乌尔里希自己明白，这种努力也是注定要失败的。

《没有个性的人》，这部皇皇巨著，究竟写了什么？绝大部分的回答都是，什么都没有发生，什么故事都没有。张荣昌教授在《没有个性的人》中文版的前言中说，这部小说是一部“精神长篇小说”，未尝不可也。穆齐尔花了10 年写出了小说的第一卷，于 1930 年出版，受到德语读者广泛好评，奠定了穆齐尔的世界性声誉。评论家比尔总结说：“《没有个性的人》与迄今为止的所有德语长篇小说迥然有异……1075 页中没有一行字言之无物，每一行字对这部无可比拟的作品的整体结构都具有重要意义。书中写了什么？今日的整个世界。”穆齐尔的目标是整个世界，显然它包含外部世界和内部世界。最为醒目的是，穆齐尔专注于人们精神世界和内心领域的书写。米兰·昆德拉说："在穆齐尔那里，一切都成为主题。关于存在的提问。如果一切成为主题，背景便消失，有如在一幅立体派画上，只有背景。正是在将背景的取消中，我看到了穆齐尔所进行的结构性革命，重大的变化通常有一种不引人注目的表象。"（《被背叛的遗嘱》）在穆齐尔那里，一切均是主题，一切都是人类精神存在的必然性。这种趋向于内在的写作既是前辈从未涉足的，也是当时读者闻所未闻的。昆德拉认为，时代要求作家必须革新："于是这样一个时刻到来了：寻找着自我的小说只得离开行动的可视的世界，去关注不可视的内心生活。"困难是显而易见的，穆齐尔把写作变成一种可思想的工作，借每一个瞬间、每一个片段、每一个情景中不断延展，并且他的写作方式是一种"敞开"，面向不确定性的潜行。这种延展纷繁复杂，走向无限，从小向大逐渐生长为一个个无垠的小世界。在写作的细部，每一个场景、片段均在穆齐尔长久以来饱满的心理训练和细密敏感的感受力中展开，他专注纯洁，智慧澄明。他写马车内"小冰晶充满空气，使空中飘下柔和的雪花"，我们看不到的雪花闪耀着纯洁的光芒，将我们的内心照亮。他有拉伯雷的喜剧风格，一旦他抛出一句严肃的沉思或格言警句之后，他就会迅疾转换到滑稽荒诞的氛围，我们明白原来他也是位伟大的喜剧大师。

1942年，在日内瓦，在贫困交加之中，穆齐尔溘然逝世。穆齐尔说，我认为，写一本书要比治理一个王国重要得多，而且也困难得多。诚然，经历漫长的写作，《没有个性的人》依然是一部未完成的作品。作为一种特定类型的伟大作家，他带给我们的不仅是作品，还有某种伟大的写作精神。埃利亚斯·卡内蒂，1981年诺贝尔文学奖得主，他在接受颁奖的演说中表达了对穆齐尔的感谢："他的作品直到今天还使我入迷，也许直到最近几年，我才全部理解了他的作品……我向穆齐尔学习的东西是最难的东西：这就是一个人几十年如一日地从事自己的创作，但却不知道这个创作是否能完成，这是一种由耐心组成的冒险行动，它是以一种近乎非人道的顽强精神为前提的。"

作为革新小说的宏伟实践，《没有个性的人》已然成为精神写作中的最高综合。

穆齐尔所创造的宇宙足可以让我们长久地陷入遐思，不能自拔。

《局外人》:二十世纪人类精神状况的速写

阿尔贝·加缪

如果要我向今天的或者未来的读者说一说二十世纪人类的精神状况的话，我会毫不犹豫地推荐他看一看加缪的《局外人》，这是一部中篇小说。从这部作品中，你会看到那个时代人们精神世界或多或少的真相。

作为一名作家，加缪的名字曾两次成为世界各国大报头版的醒目标题。1957 年 10 月，瑞典文学院宣布，“因为他杰出的文学作品阐明了当今时代向人类良知提出的各种问题”，“一种真正的道义的介入推动他大胆地、以全部身心谋求解决生活上的各种根本性的重大问题”，阿尔贝·加缪荣膺当年的诺贝尔文学奖。10 月 16 日，当加缪得知消息时，正与朋友在巴黎的一家餐厅用餐。他顿时脸色煞白，极度震惊，同时这个消息也震惊了巴黎和欧美文化圈。它出乎人们意料。加缪没有经过任何重要团体的推荐，而是瑞典文学院直接评选出来的，而且他战胜了九位法国候选人，其中几位更是声名显赫、地位更高的大师，比如马尔罗、萨特、圣-琼·佩斯、贝克特。更为主要的是他还太年轻，只有 44 岁。他成为这个奖项（文学奖）历史上最年轻的获奖者，至今这一纪录仍旧没有被打破。

两年后，也就是1960年，他再次引起全世界人们的关注。1月4日，他遭遇车祸身亡。报纸的头版头条报道了这一噩耗，正在闹罢工的法国广播电台，特别播出了哀乐……

时光回溯到1940年5月，在德国入侵法国前夕，加缪在《纪事》中写道："《局外人》已完成。"那一年，他只有26岁。他在《巴黎晚报》工作，具体负责第四版的拼排。他从法属北非殖民中心阿尔及尔来，他既是法国人，也是阿尔及利亚人（1962年，在他去世后两年，阿尔及利亚才正式独立）。他少年时父亲就因战争而丧命，他的童年与少年是在贫民窟中度过的。在那里，他是年轻知识分子中的著名人物，他身兼数职：作家、政治活动家、演员、导演、撰稿人，有时还是风流倜傥的唐璜。在冷漠阴沉的巴黎，谁都不认识这位未来大师。

从1937年起，加缪创作了他的第一部小说《幸福之死》，同时他在着手另外一部作品，即《局外人》。《幸福之死》的主人公叫梅尔索，《局外人》则是默尔索，拼写上仅有微小的差别。

他在《阿尔及尔共和报》的同事比巴斯卡尔·比阿就是一个活脱脱的"局外人"，是一个"荒谬的人"的活标本。1938年到1939年间，他开始有意识观察这一类人群。1939年10月30日，他意识到自己已经进入另一种生活——一种全新的存在状态。他写信给他的女友:“整个下午,我翻出了两手提箱的信件,并把它们付之一炬。那真像一次狂病发作。我什么人也没有放过——那些对于我来说是最亲切的人,那些捧场的人,那些令我感动不已的人……全烧了,在我心里,我减去了过去的五年。”他的精神状况正是即将诞生的主人公默尔索的镜像。

到巴黎之后,加缪先是住在蒙马特尔高地附近的一间旅馆。从山坡望去,巴黎像是“雨下的一团巨大雾气,大地上鼓起的不成形的灰包”。他这样写道:“在这阴暗的房间里,在一个顷刻间变得陌生的城市的喧闹声中突然醒来,这意味着什么?一切都与己无关,没有亲人,没有地方可以愈合这个伤口。我在这里做什么?这些人的动作和笑容有什么意思?我不是这里的人,也不是别处的。世界仅仅是一片陌生的景物而已,我的内心在此已无所依托。与己无关,谁清楚这个词意味着什么。”这种内心状态恰恰是《局外人》中默尔索的状态。这里的生活有助于他创作《局外人》。后来,他搬到了马蒂松旅店。他在卢浮街的报社里上班。这些日常的生活氛围成为《局外人》的基本色调。

如何用一句话来概括《局外人》的意思呢?加缪以为是这样的:我承认这句话违背常理,即“在当今社会中,在自己母亲下葬时不落泪的人可能会被处死刑”。当时我想说的仅仅是书中的主人公被判处死刑，因为他不玩花招。

“今天，妈妈死了……”这句经典的开场白让人久久不能释怀，迄今为止依然熠熠生辉。《局外人》只是一部规模有限的中篇，作品的中心内容是一桩命案和围绕它的法律过程，唯一的观察者与感受者默尔索是一个不值一提的小职员。他对于周围的人与事、对自己的生活、前途命运都是冷漠、超然、无所谓的。“我怎么都行”就是他遇事表态的口头禅，即便最后在法庭上，精神上被无端指责，依旧岿然不动。加缪并非要把默尔索视为一个懒惰无聊、冷漠孤僻、不近人情、浑浑噩噩的人，一个在现代社会里没有适应生存能力的废物，而恰恰相反，默尔索身上有一些简朴但优雅的高尚品质：他不要花招，他拒绝说谎，拒绝矫饰自己的感情，他是穷人，是坦诚的人，喜爱光明正大，一个无任何英雄行为而自愿为真理而死的人。这一独特的存在状况，加缪认为，默尔索的那些行为表现只不过表明了“他是他所生活的那个社会里的局外人”。

默尔索在临死前拒绝对神父忏悔、拒绝皈依上帝，他慷慨陈词，我们这时就能清楚他洞察体悟了什么：他看透了司法的荒诞、宗教的虚妄、神职人员的虚伪，还看透了人类生存状况的尴尬与无奈，“所有的人无一例外会被判处死刑。”参悟人生的本质，他当然地祛除人类生活种种诸如浪漫、悲伤、夸张的情感标识，从而采取了零度冷静（在外界看来是冷漠无情）的生存状态。那些处心积虑、急功近利的蝇营狗苟更不是他所能考虑的。

当默尔索说，面对着充满信息和星斗的夜，我第一次向这个世界的动人的冷漠敞开了心扉。事实上，这些局外人将遭受前所未有的打击，渴望沟通与理解的心灵会大失所望，他们面临的唯一选择仍只是回到他那蹩脚阴暗的藏身之地。然而唯一值得读者庆幸的是，默尔索即将走向死亡，他的愿望是让更多围观的众人目睹生命的消亡。

《局外人》发表后，当时巴黎年轻一代知识分子的领袖萨特就对它表示了极大的赞赏。同时，他们迅速地发展了友谊。萨特比加缪大八岁，当时的社会影响力要比加缪大得多，正是萨特对加缪早期作品的评论为加缪赢来了更多的认可和读者。加缪早在 1935 年就参加过共产党，一直在通过戏剧、报纸等手段进行反法西斯活动。1944 年，反对德国占领的抵抗活动进入高潮，萨特通过加缪主持的地下报纸《战斗报》介入抵抗运动，才真正开始了他的“战斗”。战争来了，又走了。两人的政治立场也逐渐产生了分歧，法国共产主义逐渐成为加缪的敌人和萨特的行动指南，是政治让他们走到了一起，又是政治让他们各奔东西，并最终反目成仇。没有什么比加缪1952年“致《现代》杂志主编”这封公开信影响更大的事情了，作为反击，萨特发表了《答加缪》，明确了他们的分歧，法国各大报纸都兴高采烈地登出“萨特VS加缪”的巨幅标题，两人终于反目成仇……当时下三流报纸——《周六之夜》也不甘寂寞，除了在头版以几张美女做装饰之外，在第二版以赫然的大标题刊登：萨特和加缪断交已成定局。

他们的交恶史成为二十世纪法国文化史上最重要的一件事，关于他们之间的关系，发表出版了不计其数的研究文章和书籍。但我以为他们依然是朋友，这是一种别样的友谊。

1960年，萨特在加缪去世的第二天，出版了六十本样册，其中有一本样册中夹了一封没有注明日期的信，信中加缪写道：“亲爱的萨特，我非常感谢你给我寄来的钱。我也希望你和你的海狸能多出好作品。嗯，由于我们和我们的朋友做了一些糟糕的事，糟糕到我都无法入眠。你回来的时候告诉我一声，我邀请你来和我一起度过一个愉快的夜晚。友谊长存。加缪。”这根本就不是两个敌人之间的对话。随即，曾经的朋友和论敌萨特发表了感人肺腑的文字：

> 我和他，我们闹翻了：闹翻，这没什么（即使两人

再不相见)，还有另一种生活在一起的方式，在这个我们生存的狭小世界上并不会失去踪迹。我仍然会想着他，感到他的目光注视着他阅读的书页、报刊，我不禁自己对自己说："他对此会有何想法？他此刻会说什么？"

《去年在马里安巴》:未来小说的一条道路

罗伯-格里耶

阿兰·罗伯-格里耶的存在使得现代小说进入了另一维度空间。毫无疑问,罗伯-格里耶扮演着小说革命家的角色。他面对的障碍是强大的传统力量,是巴尔扎克所代表的现实主义,并且这一传统已在广大作家和读者中根深蒂固。他是一名拓荒者。他对小说本体进行革新实验,使小说真正成为一门永远处于现在时的艺术。罗伯-格里耶的作品是开放的,客观的,甚至是无动机的……正如他自己所言:“但愿人们别拿不确切或矛盾的细节来永远指责我。在这份叙述里,有的是客观的事实,而不是任意一种所谓的历史真实。”

作为新小说的教皇,罗伯-格里耶一直以来都引人注目,但人们对他的认识依旧是迷茫和模糊的。我们对“新小说”的认知至今还是雾里看花,它暧昧地存在着。他久负盛名,然而没有多少人读过他的书,所以往往有人走近他,吃惊地小声问道:“您就是阿兰·罗伯-格里耶?”他会说:“是的。”接着他就问道:“您读过我的书?”他们都用一种害怕的声调说“没有”,然后又低声说:“不过见到您我是多么高兴。”罗伯-格里耶开玩笑地说,人们都是这个样子。

1922年，罗伯-格里耶生于法国西部港口城市布勒斯特。他的经历似乎表明：他之所以踏上文学创作的道路，几乎和他的小说中出现的人物类似，纯属偶然。青年时，他在巴黎农学院学习。大学毕业后，他顺利地取得了农艺师的称号，随后在国立统计与经济学院谋生，并开始写作。1949年，他进入一家人工授精与荷尔蒙研究中心，工作间隙，在一幅荷兰公牛的系谱树示意图背面写作他的第一个小说——《弑君者》。1950年起，他在法属殖民地水果和柑橘研究所任农艺师，先后在摩洛哥、几内亚和拉丁美洲等地从事热带果木种植栽培的研究工作。1951年，他在非洲生了病，随后回国。在归国途中，有一种强烈的预感控制了他——他要写一种与从前完全不同的小说。他的第二部小说《橡皮》（具有鲜明的罗伯-格里耶色彩），就是在从非洲返航的轮船上开始构思、创作的。

自1955年起，他开始在午夜出版社担任审读员，旋即又成为出版社至关重要的角色——文学顾问。他与午夜出版社的老板热罗姆·兰东共同推动了新小说运动。同时，他也有足够的时间和精力致力于新小说的创作与理论阐释。他在《重现的镜子》中写道："我觉得自己与午夜出版社，与它的生存和命运紧紧地联在一起了，以至于当我从眼前这家出版社一下子谈到自己时，便体验到一种全新的自在，一种轻松，一种无须承担责任的叙述者的快乐。”关于午夜出版社，我们都知道，它的规模是微型的，出书也极其节制，数量极少，它坐落在巴黎一条不起眼的小巷里，在地图上甚至找不到它的名字。然而，1950年代的一场文学革命——“新小说”运动使得它的声望从一个作家小圈子迅速扩展到法国知识界，其影响力却令人惊叹：它似乎有意无意地发动了法国文化界一次又一次的争论……幸运总是降临到它的头上：午夜旗下的作家塞缪尔·贝克特和克洛德·西蒙分别在1969年1985年斩获诺贝尔文学奖。

罗伯-格里耶的小说《橡皮》发表于1953年。其内容主要写一个侦探案件：恐怖集团按预定计划要暗杀一个经济学教授杜邦。但暗杀不成，杜邦负伤未死……从巴黎来的特派员瓦拉斯受理这个案件，他找到杜邦家，糊里糊涂地打死了正在家中的杜邦。作品借用侦探故事以揶揄传统现实主义小说善于制造“真实的幻觉”。作者摈弃了按时间顺序发展情节的线索，让场景重复出现，作者竭力避免使读者产生“身临其境”的幻觉，在每一场戏出现后，借用橡皮把情节的线索擦去，以破坏小说虚构的连贯性，以免读者受作者思想的支配，因而可以根据自己的角度和体验，去选择不同的情节，去探索其中的意义。

1955年，《嫉妒》诞生。作品中的一切事情都是在一个内心蕴藏着某种激情的人的目光下进行的。这双窥视的眼睛在观察、分析、记录、猜测、推理、想象一桩似是而非的奸情。最终,这桩奸情是实有其事还是无中生有,读者仍然无从知晓。由于巴塔耶、波朗和布朗肖的推荐,作品获得法国文学界颇为重要的批评家奖。

1957年,《嫉妒》由午夜出版社出版,第一年只卖出了746册。《嫉妒》中的主角却只剩下一个"A",甚至成了一个影子(叙述者)。

1959年,罗伯-格里耶推出了小说《在迷宫里》。作品描写的是一个从军中逃走的士兵退隐后的历险生涯。他在一座埋在积雪下面的城市迷了路,在一个街口转角处偶然地被一梭子扫射过来的子弹打死。罗伯-格里耶为了打破读者追求真实和意义的阅读幻觉,在小说的前言中告诫道:"这个叙述是一种虚构,不是一种见证。本小说中涉及的是纯粹物质意义上的现实,也就是说它没有任何寓意。读者在这里要看到的仅仅是书中写到的事物、动作、语言和事件,不必费心在自己的生或自己的死中给它们加上既不多也不少的含义。"

罗兰·巴特很早就认识到他的重要性:"法国年轻小说家阿兰·罗伯-格里耶追寻着一种现实主义,它要超越荒诞与非荒诞、取消意义与增加意义之间的对立,并试图创立一种纯笔录的文学。"

1960年冬,在朋友的引荐下,罗伯-格里耶与著名的新浪潮导演阿伦·雷乃合作。他们合作一部电影，罗伯-格里耶开始写这个名为《去年在马里安巴》的电影小说。他们俩在理念上完全一致。罗伯-格里耶说:“我所写的，就好像已经在他的头脑里产生了;他在拍摄时所加添的，正是我可能要补充的。”他写的不是“故事”，而是直接写出所谓分镜头剧本。

小说(电影)几乎没有什么故事。讲的是一个少妇来到一处疗养胜地，遇见一个陌生的男子，自称去年在马里安巴与她约定今年一道私奔。女人虽告诉对方她从没去过马里安巴，他们并不相识。但在男子的坚持与说服下，她终于相信了他的话，确认了过去的关系，最后与他私奔出走。作者设定了一个特定的环境，这是个实实在在的环境，而带有某种梦幻的色彩，背景里经常空无一人，那豪华而冷凄的旅馆，走廊连着走廊，漫无尽头，寂静无声，它是封闭性的，与外界隔绝，“好似一所监狱”。男女主人公的身影往往就出现在这空旷冷凄的背景上，他们的声音也是在这豪华建筑中空荡而死寂的空间里回荡。背景中有仆人，但他们哑然无声，像一尊尊石雕;大厅里也有一些上流社会人士，但他们有时是“两眼茫然，站着发呆”，有时他们的交谈只有片言只语，意思含糊不清，几乎不构成什么思想交流。“在这个封闭的、令人窒息的天地里，人和物好像都是某种魔力的受害者，就好像在梦中被一种无法抵御的诱惑所驱使,企图改变一下这种驾驭或设法逃跑都是枉费心机的。”

热奈特认为罗伯-格里耶的“人物或多或少从根本上消失了”。罗伯-格里耶在其理论文章中也鲜明地指出“小说将失去它最好的支撑物——人物”。但是这里有三个人物,陌生男子X,少妇A与少妇的监护人或丈夫M,都“没有姓名,没有往事,他们之间没有联系,而只通过他们自己的姿态、他们自己的声音、他们自己的出场、他们自己的想象建立关系”。这三个人更像三个物,他们在某种程度是卡夫卡小说人物的延宕。女主人公似乎并不是现实生活中真实女人,“也许是这个金碧辉煌的牢笼里还有生气的美貌女囚徒”。那个陌生男子仅仅是一个“平庸的诱奸者”吗?似乎并不完全是,“他为她设计了一个过去,一个未来和一种自由”。“他用自己的想象,用自己的语言创造一种现实。他的执拗、他内心的自信之所以终于使他取得胜利,是因为他走过了多少弯路,遇到了多少波折,遭受到多少失败,经过了多少回合。”

唯一可以确定的是影片带来的不确定性。小说本身不再停留在一件桃色新闻和一个私奔故事的框架之中,这时,作为读者的我们十分清楚:罗伯-格里耶是有象征的,有寓意的,他想告诉我们什么……但是这种象征和寓意又是无法确定的。影片中展示的是“一种纯精神的空间与时间”，影片中所呈现的场景是空寂的，站立着的人物的姿势有时像是墓碑，那么，影片是否有人生之坟场或人生之墓地的寓意？虚虚实实的事件是人生的某种隐喻？等等解读，不一而足——……但是任何的过度阐释都会伤害它……“银幕不是眺望世界的窗口，银幕就是世界。”罗伯-格里如是说。他试图把艺术与艺术品分开……他拒绝过度阐释……就《去年在马里安巴》而言，罗伯-格里耶直截了当地说，“这里只有一个时间，即没有叙事时间，只有一个半小时的影片时间。”“这部影片中没有叙事，不是讲述发生在一年中的故事，它不过是一部影片。”而如果你要问影片中的主人公出走以后将会怎样？罗伯-格里耶干脆说：“走出了画面，他们就不存在了。”因为很简单，影片完了。

所有的一切似乎都可以偷懒地用现实主义来解释。罗杰·加洛蒂的《论无边的现实主义》认为，现实主义可以在自己所允许的范围之内进行“无边”的扩大，毕加索、卡夫卡都可以印证……罗伯-格里耶在《从现实主义到现实》中试图厘清这种关系：“每一种新的文学流派总是试图以现实主义的名义摧毁在它之前的文学流派；现实主义是浪漫主义用以反对古典主义的口号，后来，它又是自然主义反对浪漫主义的口号，超现实主义者甚至宣称他们所拥有的世界才是真实的世界。”也许，罗伯-格里耶也要落入历史话语和惯性思维的俗套之中，他曾对一位访问者说："巴尔扎克的时代是稳定的，当时社会现实是一个完整体，因此，巴尔扎克表现了它的整体性。但二十世纪则不同了，它是不稳定的，是浮动的，令人难以捉摸，它有很多含义都难以琢磨，因此，要从各个角度去写，把现实的飘浮性、不可捉摸性表现出来。"罗伯-格里耶明确地表达："外部世界与人的内心世界都像是迷宫……"纳博科夫迷恋罗伯-格里耶的小说，他说："他们那美妙的迷宫里空气多么令人舒畅啊！我喜欢他们透彻的思想、纯净的笔触、诗意的描写和镜中的海市蜃楼。"

罗伯-格里耶对文学序列有清醒而明晰的认识，他竭力否认经典作家对他的影响，但事实上，他另辟蹊径，通过绕开已有的经典作家之路，为未来小说的发展探索了一条小道，这条小道既是崎岖与曲折的，也是开放和无限的。以历史的眼光看，罗伯-格里耶确定无疑地成为某一种经典作家，他已然为小说开辟了一条可能的道路。2008年2月18日，这位与中国有不解之缘的小说革命家与世长辞，在古老的中国土地上，他曾骑在水牛背上漫步，留下他不可磨灭的影响……

《雪国》:美的存在与发现

川端康成

当我试图进入川端康成的世界之前，首先想到一个千利休的故事。千利休是日本的一位文化巨人。某年春天，当朝的实际统治者丰臣秀吉将军召来千利休，要他当众表演茶道前的插花，按照惯例，插花是用筒形的器皿，秀吉却事先准备了一个铁盘子，里面放了一些水，还有一枝含苞待放的梅花。千利休神情严肃而悲哀，将那在雪地里挣扎了一个冬天刚刚爆发出生命的全部美丽的梅花拿在手里，将花朵和花苞一点点揉碎，让它们随意飘落在铁盘子里的水面上。美被揉碎，生命被毁灭，最终只剩下一枝光秃秃的花干上带着三两朵残存的花苞，气息奄奄地斜倚在铁盘旁边。这是一个震撼人心的过程。在场所有的人都屏住了呼吸，连铁石心肠的丰臣秀吉也落下了眼泪。

川端康成的小说世界所展示的美，亦如千利休创造的这种摄人心魄、令人心碎之美。千利休终生追求的“和敬静寂”的境界也正是川端康成的精神追求，他们要使人觉得一朵花比一百朵花更美。小说《雪国》凄婉地展示了人与世界的虚无之美、洁净之美与哀伤之美均达极致，就如同千利休给秀吉将军的那一次插花，美既令人怦然心动，又叫人黯然忧伤。东山魁夷谈到川端康成时说："谈论川端先生的人一定要接触到美的问题。谁都说他是一位美的不倦探求者、美的猎获者。能够经得起他那锐利目光凝视的美，是难以存在的。但是，先生不仅凝视美，而且还爱美。可以认为，美也是先生的憩息，是喜悦，是恢复，是生命的体现。"

可以说，川端康成是日本现代文学的灵魂，他的表达充分展示了真正的东方韵味和东方美学。这种美学有着截然不同与西方之美的外貌与内蕴——他"从美中发现真理，从真理中发现美"。在他的作品中，致力呈现一种风雅。他的作品总是有一种气息，弥漫在那些留白的空间中。在我所了解的作家中，也许只有沈从文先生的部分作品可与之媲美。

1899 年 6 月 14 日，川端康成出生在日本一个靠近京都的乡村，就是现在的茨木市大字宿久庄。川端一直认为"京都是日本的故乡，也是我的故乡"。出生后的第二年，父亲便与世长辞，他留给川端的遗训是"保身"与"忍耐"。后一年，母亲也病故了。川端对于父母的印象是模糊不清的，他"苦思冥想，也无法想象出来，看了照片，只觉得它不是画像，不是活着的人，也不是外人，而是介于他们中间的人"。随后，川端便由百般疼爱他的祖父母来抚养。好景不长，姐姐、祖父及家人又相继离世，川端成了孤儿。他的表兄送了他一个“参加葬礼的名人”的绰号，表嫂表妹甚至说川端的“衣服全是坟墓的味道”。羸弱的体质，无处可依傍的情感，不幸的童年经历，使川端成长为一名隐忍、孤独、敏感、柔软的作家。他说这种孤儿的悲哀“说不定还是我全部作品、全部生涯的潜流吧”。

川端在当地接受了小学教育，随即升入大阪府立茨木中学，他孤寂而喜欢阅读，他广泛地阅读日本古典文学名著，如《源氏物语》《枕草子》和《竹取物语》，以及古典诗歌和日本近现代作家的作品，同时，他也开始涉猎外国文学，对陀思妥耶夫斯基和契诃夫尤为迷恋。他暗暗下决心要成为一名作家，在《独影自命》中他说：“即使靠一支笔沦落于赤贫之中，我微弱而敏感的心灵也已无法和文学分开。”

1917年，川端成为茨木中学第一个考入第一高等学校（相当于东京帝国大学的预科）的学生。1920到1924年，川端如愿进入东京帝国大学学习，在这里，他办杂志、写作、发表作品、结识前辈，正式走上了文学创作的道路。

1918年起，连续几年间，川端康成都到伊豆半岛去旅行。之后他写出了《伊豆的舞女》，这是他的成名短篇小说，内容描述高才生川岛到伊豆去旅行，在乍晴乍雨的山道上观看巡回卖艺人的演出，无意发现里面有一个娇小玲珑的舞女熏，两人四目交投，互相被对方所吸引……

川端康成喜欢围棋，曾经多次作为观战记者，报道过围棋大师吴清源的赛事，并且与吴清源成为亲密无间的朋友。1939年，木谷实七段和吴清源六段进行了三番棋的对局，川端观战并写了20回的观战记。在第一局和第二局的中间休息时，川端夫妇和吴清源共同去伊豆下贺茂休养旅行，这次机缘使他们有了最初的亲密接触和心灵交流。吴清源曾回忆说："我们的交情从那时开始，真是缘分匪浅。"吴清源"常去川端的房间里畅谈到深夜"，"话题从宗教到围棋，海阔天空"。对于川端来说，"印象尤为深刻的是吴清源关于人类精神力量的谈话。……他谈到佛教与神道各派的异同，令我十分惊异，而且他对心灵学也颇有研究。可以说这样的学说令人心向往之，而丝毫没有迷信的成分。也就是说，这是修养之道，是为了使自己的灵智澄静明澈"。川端专门写作了一篇长文《吴清源棋谈》，川端认为，吴清源通过对围棋艺术的钻研和反思，悟出了精神修养的重要性，而不断的自我修炼与内省所要达到的，是一种和谐均衡的境界。在精神世界里，他们是惺惺相惜的。

对于中国古代艺术，川端康成是极其热爱的。在演讲和活动中，川端康城提到过许多中国艺术家，既有诗僧、诗人，也有画家，比如牧溪、梁楷、夏圭、王维、李渔、杜甫、白居易、金农。他对牧溪的评价非常高，"牧溪是中国早期的禅僧，似乎是由于他的画多少有一些粗糙，在中国的绘画史上几乎不受尊重，而在日本却受到极大的尊重。虽然这样的画论进入了日本，但是日本仍然把牧溪视为最高。”金农的创作观念也影响了他的艺术创作。

1968 年，川端康成以其“高超的叙事性，非凡的敏锐性去表现日本人的精神特质”，成为亚洲继泰戈尔之后获得诺贝尔文学奖的作家，“在川端先生的叙事技巧里，可以发现一种具有纤细韵味的诗意。”获奖作品主要是《雪国》《古都》和《千只鹤》。

《雪国》是川端康成的第一部中篇小说，也是他最著名的代表作。《雪国》在战争期间出现，当时未能引起广泛注目，但是随着时间的推移，渐渐产生了巨大的影响。

在写《雪国》之前，川端经常流连于伊豆半岛以及浅草地区。1934 年 5 月，他第一次远离东京，去北国的越后汤泽旅行，这里也是他最喜欢古代诗人良宽禅师的故乡。他住在高半旅馆，常常坐在服务台的围炉旁，向老板与服务员了解当地的风土人情。正是在那里，他结识了 19 岁的艺伎松荣，即小高菊。小高菊出生于贫农家庭，因生活所迫，11 岁那年她被迫告别亲人，辗转各地讨生活，最后稀里糊涂地就被卖到了汤泽温泉，当了艺伎，从此便沦落风尘，备受生活的折磨。25 岁，她才回到家乡，嫁给了一个裁缝，做了家庭主妇。在与小高菊的交谈中，川端深切体悟到这个从小受到社会遗弃与损害的少女的不幸命运，陡生怜悯之心。小高菊优雅漂亮，性情文雅，勤奋好学，给川端留下了深刻的印象。这激发了川端创作一部小说的愿望。

川端康成从选择题材开始到完成初稿的三年间，每年春秋两季，都前往越后汤泽同小高菊交谈，详细地了解这位艺伎的家庭身世。同时不断深入调查研究雪国地区的艺伎制度、生活方式以及当地的民俗、生活习惯和植物生态等，广泛而深入地摄取创作素材。

作品中的驹子并不能等同于生活中的小高菊。对于这个问题，川端曾经说过："在创作原型的意义上，驹子可以说是真实存在的，但小说中的驹子和创作原型有着明显的差异，说驹子并不存在，可能更为正确。""就《雪国》里的驹子等等而言，很多地方我是有意识地写出小说人物和原型的区别，甚至面相等等差异甚大。对想去看看人物原型的人来说，感到意外是理所当然的。"

"穿过县界长长的隧道，便是雪国。夜空下一片白茫茫。火车在信号站前停了下来。"川端以简洁的文字拉开了《雪国》的序幕。主人公岛村，坐了一夜的火车，终于抵达了这个静寂寒冷、给人一种虚幻感觉的天地。《雪国》并没有曲折复杂的情节，也没有什么丰厚深刻的社会主题，故事写的是一位叫岛村的舞蹈艺术研究者，前后三次前往一个北国的山村，与雪国一位叫驹子的艺伎及另一位萍水相逢的少女叶子之间的爱情纠葛。故事就是在这一处洁白雪国里不经意地发生、终结。

1935年起，作品以短篇的形式，川端康成分别以《暮景的镜》《白昼的镜》等题名，陆续发表在《文艺春秋》《改造》等杂志上，相互之间并没有紧密相连的情节，直至全部完成并经认真修改后，才冠以《雪国》于1948年汇集出版单行本。

在日本文化与生活美学中，以“真实”为基础，自力地生成“哀”的特殊文化基因和艺术品质，继而形成“浪漫的物哀，幽玄的空寂和风雅的困寂”三者相通的传统文化精神。在物哀文学观念发展过程中，紫式部的《源氏物语》做出了重大贡献。日本复古国学大师本居宣长不遗余力地宣扬日本本土的“物哀”文学艺术观念，物哀，即感动、感慨、可怜之意，也含有壮美的成分。他通过注释《源氏物语》阐释他的观念。这种观念也深深地进入了川端康成的血液之中，传统已成为他自身的一部分。

《雪国》中这样写道：“她自己没有显露出寂寞的样子，然而在岛村的眼里，却成了难以想象的哀愁。如果一味沉溺在这种思绪里，连岛村自己恐怕也要陷入缥缈的感伤之中，以为生存本身就是一种徒劳。但是，山中的冷空气，把眼前这个女子脸上的红晕浸染得更加艳丽了。”

如此纤细而深沉的描写，清净幽深、深邃博大，韵味却不紧不慢地飘逸出来。《雪国》正展示了大自然与爱的通感以及传统的“物哀之美”，川端康成在《美的存在与发现》中说：“风雅，就是发现存在的美，感受已经发现的美，创造有所感受的美。诚然，至关重要的是‘存在于自然环境之中’的这个环境，自然环境的真实面貌，也许就是美神的赏赐吧。”

1970年，他的学生与好友、作家三岛由纪夫切腹自杀，不少作家赶到现场，只有川端康成获准进入。川端很受刺激，对人表示：“被砍下脑袋的应该是我。”1972年4月16日夜，川端在他用来写作的公寓里，手拿煤气管，犹豫一阵后，他把煤气管含在嘴里，以一种极其痛苦的方式，结束了自己的生命。他没有留下遗书，在几年前，他就写下“自杀而无遗书，是最好不过的了。无言的死，就是无限的活”。

川端的美学是禅宗的“无有”和“空”，他把死亡视作一种再生与交替。他的很多作品映照着这种观念，他向往死亡——“自己死了仿佛就有一种死灭的美。”“在日常生活中也嗅到死亡的气息。”然而，他曾经是那么热爱美与这个世界：“一朵花比一百朵花更美丽。凌晨四点钟，看到海棠花未眠。它盛放，含有一种哀伤的美。如果说，一朵花很美，那么我有时就会不由地自语道：要活下去！”

早在1927年，作家芥川龙之介三十五岁就自杀了。他在随笔《临终的眼》中曾写道："无论怎样厌世，自杀不是开悟的办法，不管德行多高，自杀的人想要达到圣境也是遥远的。"但是，人世杳渺，世事无常！

川端康成的人生逆旅，孤寂飘零，他喜欢俳句大师松尾芭蕉写的一首辞世歌："旅中罹病忽入梦，/孤寂飘零荒野行。"他相信"再没有比死更高的艺术了，死就是生"。他的灵魂活在他的文字中……

《大师与玛格丽特》:魔幻现实主义的开山之作

布尔加科夫

在我个人隐秘的小万神殿中，米·布尔加科夫占据着一个独特的位置。他无可争议地成为二十世纪俄罗斯现代主义小说的代表性大师。他与卡夫卡、普鲁斯特、乔伊斯一样，是现代小说星空中最为璀璨的“明星”，独自成峰而又光辉夺目。

布尔加科夫长期寂寂无闻，长时间被剥夺发表和出版的权利，在漫长的时光中，一度被批判和冷置。直到二十世纪七十年代，他才渐渐地走入人们的视野。1991 年是布尔加科夫诞辰 100 周年，联合国教科文组织宣布这一年为“布尔加科夫年”，俄罗斯克里米亚天体物理实验室将他们发现的三颗新星命名为“陀思妥耶夫斯基”星、“帕斯捷尔纳克”星和“布尔加科夫”星；法国《理想藏书》把他的代表作《大师与玛格丽特》排在了俄罗斯文学的第一位。这些迟来的肯定与荣耀，作家没有看到，但联系起他本人与他所在时代的紧张关系、以及那位灰飞烟灭的“老大哥”，我不禁想起老杜的那句诗——“尔曹身与名俱灭，不废江河万古流”。

1891 年 5 月，米哈伊尔·布尔加科夫出生在乌克兰基辅的一个知识分子家庭，父亲是神学教授，母亲是位中学老师。受家庭影响，他信奉东正教，喜欢历史、文学、音乐和戏剧。1909年至1916年期间就读于基辅大学医学系，毕业后还没拿到证书，便作为红十字志愿者奔赴西南前线，很快又从前线被派往了斯科尔斯克乡村医院（位于斯摩棱斯克省），成为一名医生。1919年，布尔加科夫回到基辅一年后，被征入邓尼金的志愿军，任医生，开始在北高加索报纸上发表作品。1920年，彻底弃医从文，希望正式成为一名作家。他的第一部长篇小说《白卫军》，就是以他1918至1919年在基辅的经历为背景的。

1921年，立志成为作家的布尔加科夫身无分文，来到了首都莫斯科，并想留下来。在莫斯科，他为许多报纸撰稿，并在《汽笛报》社上班。1922年至1923年间，布尔加科夫有许多小品文、特写和短篇小说不断见报，还发表了中篇自传体小说《袖口上的笔记》的片段。1923年至1925年间写作短篇小说集《魔鬼》《不祥的蛋》和《狗心》（1987年才在苏联发表），讽刺现实中的反常现象，引起文坛注意。1925年，《俄罗斯》杂志刊载了长篇小说《白卫军》的前几章，后来杂志停办，使读者没能看到小说的结尾。1927年至1929年读者才得以见到《白卫军》的全貌，在苏联以书籍的形式出版则是1966年的事了。1926年，莫斯科艺术剧院上演了根据布尔加科夫的长篇小说《白卫军》改编的话剧《图尔宾一家的命运》，该剧时而被禁演，时而又开禁。同年，苏联国家政治保安总局突然搜查了布尔加科夫的住处，没收了小说《狗心》的手稿和他的日记。他开始受到漫长的批判和封杀。布尔加科夫受到越来越猛烈的攻击，本人受到传讯，等待他的是“贫穷、流落街头和死亡”。此后他创作、改编的许多剧本都被禁止上演。他在去世前的“15 年间从未看到自己作品的校样”，作为作家，他在文坛上销声匿迹了。

布尔加科夫的生活陷入“四面楚歌”，作品不能发表、朋友疏远、生活困顿不堪，没有单位接纳他工作，他几乎走投无路。对于政治，作家是天真而幼稚的。布尔加科夫致函苏联政府说，舆论界关于其创作的 301 条评论中，“赞扬的有 3 篇，仇恨谩骂的有 298 篇”。他声明他的立场被评论界歪曲了，请求当局只根据他的作品对他进行评价，不要夹杂着其他因素。

1930 年 3 月 28 日，布尔加科夫直接给斯大林写了一封诚挚而坦率的信，他直言不讳地说明自己的处境：“对我来说，不能写作等于被活埋。我目前极端贫困，面临的只有流落街头，死于沟壑。”他希望得到莫斯科艺术剧院一个助理导演的职位，“如果不能任命我为助理导演……”他说，“请求当个在编的普通配角演员；如果当普通配角也不行，我就请求当个管剧务的工人；如果连工人也不能当，那就请求苏联政府以它认为必要的任何方式尽快处置我，只要处置就行……”他没有哀求，也没有投降，他高傲地请求政府“尽快处置”他。他要的不多，只是能够活下来，并从事写作。

也许卡夫卡是一只甲壳虫，巴别尔是一匹马，福楼拜是一只蜥蜴……布尔加科夫把自己看成一只孤寂的狼，1931年，布尔加科夫在给斯大林的一封信中不无孤傲地写道：“在苏联俄罗斯文学的广阔草原上，我是唯一的一只文学之狼。有人劝我在狼皮上涂点颜色，这是个愚不可及的劝告。涂上颜色的狼也罢，剪去狼毛的狼也罢，怎么也像不了一只鬈毛狗。”

1930年4月18日，布尔加科夫家中的电话忽然响了起来，是斯大林打来的。他说：“您的信，我们收到了。我们几个同志都看过了。我们表示同意，您会接到答复的。不过，或许真的应该放您到国外去？怎么，我们已经使您很厌烦了吗？”

布尔加科夫答道：“最近这个时期我一直在反复思考：一个俄罗斯作家能不能居住在祖国之外呢？我觉得，不可能。”

斯大林：“您想得对。我也这么想。您是希望在哪儿工作？是在艺术剧院吗？”

布尔加科夫：“是的，我希望这样。我表示过这种愿望，但他们拒绝了。”

斯大林："那您就递一份正式申请嘛！我看，他们会同意的……"

后来，心照不宣的事发生了，布尔加科夫被莫斯科艺术剧院录用为助理导演。正如帕乌斯托夫斯基说的那样："实质上，莫斯科艺术剧院只有过两个作者：契诃夫和布尔加科夫。"从这个角度而言，布尔加科夫比巴别尔和曼德尔施塔姆要幸运一些——肉体并没有被消灭。据小道消息称：斯大林同志比较喜欢看布尔加科夫的话剧——《图尔宾一家的命运》，无意中，斯大林充当了他的"艺术庇护人"。这也使得布尔加科夫有机会从事《大师与玛格丽特》的写作。

在《大师与玛格丽特》的最终完成稿中，布尔加科夫标明了创作时间：1928 到 1940。1928 年起，布尔加科夫开始这部伟大作品的写作。他完全清楚他的写作已与发表、出版、名利毫无关系了，他只为他的内心而写作。他始终忠诚于自己的文学良心："一个作家不论处境何等困难，都应忠于自己的原则……如果把文学用于满足自己过上更舒适、更富有的生活的需要，那么这种文学是可鄙的。"1934 年 10 月，他写下一句悲壮的话来激励自己："我死之前一定要把它写出来。"

概括地看，《大师与玛格丽特》讲述了两个层面的故事。一个是物质的现实世界，包括人间的、世俗的种种状况;一个是精神的虚幻世界,这里蕴藏着神秘、诡异、宗教、超验的想象。这两个世界是水乳交融的,是互文式的,相互形成既危险又平衡的对位表达。

作品始于魔王(黑暗世界之王)沃兰德带领随从考察无神论中心——莫斯科,看看“居民的内心是否发生了变化”。随着作品的展开,它呈现出多层次、多侧面的复杂性,在这里,庸俗不堪的社会生活、虚伪可笑的卑劣嘴脸、纯洁单纯的爱情、执着坚定的真理追求、善与恶的对立、永恒真理的探讨、精神领域的深入……在作者有条不紊的调度下,像画作一样,远景、中景、近景一一呈现,脉络清晰,纤毫毕露。复杂的时空变换处理得错落有致,一条条线索泾渭分明,一个个悬念均有后手,一个个伏笔绝妙无比。他把历史传奇、神秘幻想和当时的莫斯科现实生活糅合在一起,形成一个独特的充满生命活力的有机艺术体。在这样一部规模浩大的作品中,作为创作者,布尔加科夫以强悍的掌控力驾驭着作品,促使它健康成长,不断推动作品走向最深远的艺术之境。

魔王沃兰德是一个超越性的角色,他既不保护恶,也不诱导人作恶;他不惩罚善,甚至还帮助向善的人。他不干涉生活的自然律令,听任人们在众多道路中自由选择。他是自然和生活本身,体现了最朴素也是最伟大的辩证法,他自身包含着一切矛盾,他包含着善与恶、光明与黑暗，同时又超然于这些事物之上。我相信，沃兰德也是“大师”之一，他对于世界的认识也正是布尔加科夫清醒冷静的体认。作品结尾时，玛格丽特脱口而出的是“伟大的沃兰德”！

作品中的“大师”，直到第十三章才正式登场：于是他走出秘密安乐窝，进入生活的时刻终于到了。大师喃喃地说，“我手捧这部小说进入生活之时，就是我此生结束之日。”

他是一个不知姓名的人。由于彩票中奖，他辞掉博物馆的工作，专事文学创作。他遭遇到美丽的玛格丽特，爱情俘获了他们。她称他为“大师”，“大师”正创作一部以耶稣和彼拉多为题材的小说，这个“小说中的小说”也恰恰是魔王在牧首湖公园里讲述的故事。小说刚发表了一部分，便受到猛烈批评（这个情形多么像布尔加科夫自己的经历啊！）。他渐渐“害怕黑暗”，对世界感到恐惧……“大师”不堪恐惧的折磨而烧毁书稿，离开玛格丽特，自己逃进精神病院。从此，他放弃一切，包括姓氏，以“大师”自称。

玛格丽特因倾慕“大师”的才华，成为他的秘密情人。为了与“大师”重逢，她与魔王的随从阿扎泽勒订约：替魔王主持一次晚会，换取他们的重逢。玛格丽特涂上阿扎泽勒给她“回春脂”，变成了能疾飞与隐身的女妖，她报复了迫害“大师”的批评家，以坚韧不拔的毅力主持了魔王的晚会……她如愿以偿，“一阵清风吹来……一块绿莹莹的月色方巾从窗台飘落，方巾中间站着一个人”。正是“大师”。魔王恢复了“大师”的神智，并对他说：“原稿是烧不毁的。”“大师”又看到了曾经被他烧毁的原稿。

“小说中的小说”，写的是犹太总督彼拉多和耶舒阿（耶稣）的故事。耶舒阿是一个从不创造奇迹的普通人，他只有一颗绝对善良的心。他的话绝不是基督教义，他的学生马太记下他的话，他“吓坏”了，因而恳求马太把那羊皮纸烧掉。作品中的彼拉多不是《圣经》中洗手的彼拉多，不是传说中伪善狡诈的彼拉多，也不是历史上某位真实的彼拉多。由于受到灵魂上的拷问，他不断暗示耶舒阿，叫他承认错误，就可以释放他。但是耶舒阿说：“讲真话容易，而且愉快。”“怯懦是人类最大的缺陷。”在怯懦的一再逼迫下，彼拉多判处了耶舒阿死刑。可是事后，他的良心不断受到拷问，日夜不得安宁，像西西弗一样遭受酷刑——遭受到二千多年的良心折磨。直到他与耶舒阿并肩走在月光路上……得到耶舒阿的宽恕，才流着泪笑起来。

诗人“无家汉”伊万是一个贯穿全书的人物，开始时无知狂妄，盛气凌人，是一个小丑式人物。但进入精神病院之后，他逐渐冷静下来，认识到自己的荒唐与轻浮，最后他“在历史和哲学研究所从事研究工作”。最终，“大师”向他来告别时，称他为“学生”，并赞誉他是近来同他谈话的“唯一的人”。书中还有一个短命人物——文联主席柏辽兹只活了十几分钟就被电车轧死了。

作为鸿篇巨制，《大师与玛格丽特》让人读来兴趣盎然，手不释卷。一方面作者继承了契诃夫、果戈理、谢德林以来俄罗斯文学伟大的幽默传统：深入肌理的睿智观察，毫不留情的揶揄讽刺，鞭辟入里的剖析挞伐。另一方面，布尔加科夫娴熟自如地运用各种现代主义的创作手法，自由地时空转换，把魔幻与现实有机地交织到一起，他像一位伟大的船长，驾驭着作品经历着惊涛骇浪，遭遇一座座美丽的险峰。在作品中，布尔加科夫深邃的现实观察力、辛辣的冷嘲热讽、瑰奇诡谲的想象力展露无遗，他对于题材、人物、场景的驾驭是无与伦比的。

从 1928 年起，一直到去世，布尔加科夫持续不断地修改、重写这部作品。1940 年，《大师与玛格丽特》还在不断的修改之中，而死神也正向我们的大师走来。他甚至预感到了，他在作品中写道：“沼泽上空的云烟是多么神秘莫测啊！只有那些在这云烟中辗转徘徊过的人，只有在死亡之前经受过众多磨难的人……在这片大地上空翱翔过的人，才知道这一切。”作品的最终完成，带给作者巨大的安慰，他表示“无所惋惜、毫无遗憾”，并获得了最后的宁静。

是年3月10日，49岁的布尔加科夫，终于润饰完写了十余年的《大师和玛格丽特》，走完无畏的一生，病逝于莫斯科。正如书中所言的“大师”，他自由了，就像他自己使自己创造的小说主人公得到解脱一样。沉浸在悲痛中的亲友正忙于治丧，他家的电话铃响了，电话是斯大林打来的，他问：“是真的吗？布尔加科夫同志去世了？”答：“是的，他去世了。”电话的另一端沉默了几秒钟，然后轻轻挂断。

《鲜花圣母》：二十世纪的一朵“恶之花”

让·热内

文学难道仅仅或者必须为社会道德服务吗？为长久以来的规定性的美学而高歌？

文学的道德有别于人类生活的道德。它的道德乃是深入展示文字和叙述所带来的色情真相。我们不堪重负，身上背负着历史的、道德的、社会种种法则的枷锁。我们的内心生活没有被有效地展开，而是无限制地被压缩、被限制。乔治·巴塔耶清醒地认识到："色情从根本上来看，是内心生活的特征之一。"而从现实的状况来看，绝大部分人的内心色情经验是相当肤浅的，这既基于外在原因，也源于自愿的内心怯懦。我相信色情除去我们观念中的不堪印象外，还是一个中性的词语，一个可以深入研究的词语（巴塔耶的专著《色情史》正是此研究的绝好成果）。更进一步，也可以说，色是我们这个世界的显现，情是我们内心的表达。小说是这个赤裸世界的皮条客，它深入观察、思考并践行着某种贞洁，为了真切的生命和生命诉求……

让·热内的作品来自这样的隐秘的世界……

他为妓女、卖淫者、同性恋者立下牌坊，如果愿意这样说的话，而且这样的牌坊与宗族时代的贞洁牌坊一样伟大而有意义，这是殉道者的荣光。澄澈的世界静静隐匿在谎言和纷争之后，让·热内坐在清洌的湖水边，他闲静自若。他喋喋不休地说了，他又厌倦了，于是他又缄口了……

1910年12月19日，让·热内生于巴黎公共救济院的一家医院里。母亲单身，当时22岁，但父亲“不留姓名”。7个月后，母亲将孩子抛弃在育婴堂，从此一去杳无音信。随后，让·热内被家住莫尔旺山区的乡村小工匠收养。1916年9月，让·热内进入地区学校读书，品学兼优，名列前茅。因为一篇作文，他幼小的心灵备受打击。60年后，作家在一次会见中谈及此事。他说：“我很小的时候就不是法国人，也不是村里人。我知道这事的方式简直幼稚之极，愚蠢之极。事情是这样的：老师要求写一篇小作文，每个同学都要描写他自己的住屋……根据老师的评价，我的描写最精彩。他大声向全班朗读了我的文章，但所有的同学都耻笑我，说：‘可这不是他的屋子，他是一个捡来的弃儿。’我顿时感到心被挖空了，蒙受了奇耻大辱……哦！话虽不太厉害，但我恨法国。岂是一个‘恨’字了得，应该比恨还要深，说法国令我作呕也不过分。”（见《公开宣布的敌人》）。从此，他那波澜壮阔的小偷生涯拉开帷幕，他开始小偷小摸，他偷学校的尺子、铅笔，从养父母那里偷几个小钱买糖果点心与同学们分享。

他在一则日记中写道:“10岁时,我就偷我所爱的人,我也知道他们都很穷。人家发现了,都管我叫小偷。我想,小偷这个字眼对我伤害很深。”

1923年7月小学毕业,热内的成绩是全区第一。这是他第一次也是最后一次领到文凭,后来他再也没有机会接受任何学校教育。1924年10月,他被送到巴黎地区一家学徒培训中心学印刷。半个月后,他从中心逃跑,并给小伙伴留下话说,他要去埃及或美洲。不久有人在尼斯发现了他,他被重新送回公共救济院收容。此后两年,他像商品一样被频繁转手,在好几个作坊、农场干过活,受到非人的待遇,实在难以忍受,他一逃再逃。他做梦都想逃离法国,警察不时在车站、列车、港口城市抓到他。他很快被遣送回巴黎。16岁那年,即1926年3月,他第一次尝到被监禁的滋味,入狱三个月。

年满18岁后,让·热内应征入伍,但不久当了逃兵,流浪欧洲,一路行窃和卖淫,多次被捕坐牢。作为小偷,让·热内最喜欢偷书,他偷过普鲁斯特的《追忆似水年华》。其后的十几年中,他一直在偷窃和坐牢中度过。他经常因偷书被当场抓获,送去蹲监狱。1942年出狱后,他在塞纳河畔摆起旧书摊。1943年,他认识了法国文化界的巨擘让·科克托,他是一位作家、戏剧家、导演和画家,是当时风靡全巴黎的极具影响力的大作家。科克托看完热内的《鲜花圣母》手稿后，立刻意识到热内作品低俗中见奇异的现代文学价值，于是他不顾自己的名人身份，痛快地帮助被警察四处缉拿的小偷出版书籍。让·热内开始有了名气，但他仍鬼迷心窍，一偷再偷。他为偷一部绝版书被捕，并将作为"惯犯"被起诉，很可能被判处终身流放。科克托不惜聘请大律师为小偷辩护，并以"当代最伟大的作家"的身份亲临法庭助威。由于科克托的努力，热内仅被判处3个月监禁。谁知出狱不到三周，他又因偷书被捕入狱。当时法国沦陷尚未光复，当局准备把他押送到法奸保安队控制的集中营。就在这紧急关头，科克托再次动用各种关系把小偷作家保释出来。但热内终身流放的命运并未改变。

长篇小说《鲜花圣母》和《玫瑰奇迹》相继出版，1947年4月19日，让·热内的剧本《女仆》在法国公开上演，不久连同剧本《严加监视》一起出版，引起强烈反响，获法国七星诗社奖。但是即便如此，根据法国法律，让·热内必须继续服刑，有可能被流放到远离法国本土的海外孤岛上。为了挽救这位才华横溢的小偷作家，以萨特、科克托为代表的全巴黎文学界上书共和国总统，呼吁赦免对热内的刑罚。让·热内因祸得福，名声鹊起。1949年8月12日，法国总统发布了对让·热内的特赦令。

其后，让·热内成为红得发紫的作家。著名的伽利马出版社加紧编辑《让·热内全集》，请萨特为其作序。萨特欣然命笔，写了长长的一卷序言，名为《喜剧演员和殉道者圣·热内》，把小偷作家当圣人进行评介，作为六卷全集的第一卷出版。

1986年4月14日午夜，让·热内逝世，时年76岁，安葬在摩洛哥北部沿海西班牙城市拉腊歇的旧墓地中。同年5月，热内的最后一部作品《一个恋爱中的俘虏》由伽利马出版社出版。人们从书中可以读到这样一句耐人寻味的话："我的看得见的一生只是精心伪装的一个个圈套。"

热内的《鲜花圣母》是一部极具煽动性的小说，形成某种无法抗拒的诱惑力和影响力。它的影响深入到无数的小说、电影和舞蹈作品中，刺激这些作品不断地挑战人们已有的道德防线。

《鲜花圣母》写于1942年，该小说的绝大部分是在狱中写就的，其时，热内因偷窃而被关押在弗雷纳监狱。他利用能在狱中找到的一切纸张——硬纸片或者粗糙的笔记本——而写作。他常常坐在床边，将纸片压在膝盖上写作。在该书写作大约五十页的时候，他外出放风时被狱中的守卫发现了。当局毫不留情地没收并销毁了这些手稿。热内不得不重新开始，根据记忆重现那些生动鲜活而又如梦如幻般的语言片段。

小说以偏离常规的方式展开叙事，随意地穿越时空的限制。小说的开头，中心人物卖淫的伪娘迪维内已死于肺病。从他还是个乡下穷孩子写起，描述了迪维内在蒙马特的弄堂和酒吧中一步步走向了人生的辉煌。三个叙事空间相互交织：一是在监狱中，热内宣称创造了自己的小说世界，在这个秘密的世界中，他能为所欲为；一是在蒙马特拥挤的街道中，这里都是尖酸刻薄的伪娘、英俊漂亮的皮条客，以及出狱后的罪犯；一是迪维内的阁楼，那个独特的小房间，耸立在巴黎上空，俯瞰着蒙马特的公墓。而迪维内有一个罪犯情人，绰号就叫“鲜花圣母”，他们两人的叙事水乳交融。“鲜花圣母”由于犯谋杀罪而被捕，很快就要被处决，这死亡的最后关口，文本充满了深深的孤独和绝望、频繁而狂烈的性爱。热内的描述细致准确，语言或奢华或猥亵，恣意汪洋，不拘一格……在当时，这样的文学作品是骇人听闻的。可以说，《鲜花圣母》是二十世纪的一朵“恶之花”。

让·热内在半个世纪之前种下了一颗有关人类心灵的种子，它在人们恶毒的谩骂声中成长，在人们漠不关心甚至遗忘殆尽时开花结果。这枝花绚丽多姿，人们的恶舌会说，可怕而又魅惑的罂粟花……

让·热内的小说就是那片湖水，我们读了，就看到我们自己；我们思索了，就潜入了水中，如同生命深入生活。

他的作品是使徒行传，是大禅师的机锋。萨特把让·热内称为“圣·热内”正是基于一种广泛意义上的宗教品质，这种品质就是通过无畏无惧的践行抵达殉道的必然结果。当坦诚变成牺牲的时候，绝大部分人就会选择放弃或逃避，而他相反，以坦然以微笑以自嘲迎了上去。从人类学的角度，他把自己作为祭品献给了这个世界里黑暗的真实之神……

在阴森的黑夜里，他以单薄的身躯勇敢地同世界交媾，并在高潮中为此作了记录，于是就有了反映这些可怕时刻的底片。今天，我们有幸冲洗了它们，我们伫立在暗房里，屏住呼吸……多么清晰、多么震撼人心的黑白影像啊，它无声，却带来了繁华世界的熙熙攘攘；它微小，却是一叶一世界；它有形有限，却胜于广袤无垠的宇宙；它苍白，叫我们无法摆脱……它是《小偷日记》，是《鲜花圣母》，是《玫瑰奇迹》。在《鲜花圣母》中，他如此说道：“我知道我们是贞洁的，我特别注意地感觉你流淌在我的身内，温乎乎，白花花，连续的小小振动，你兴许在表演高潮来临。在巅峰的那一刻，一种平静的出神让你容光焕发，并在你幸福的身体周围裹了一圈超自然的光环，像是一件被你的脑袋和双脚穿透的大衣。”

是的，让·热内的偷窃、卖淫、吸毒、同性恋、进监狱的种种行为已然散发出“超自然的光环”。人类各式各样的道德典范、圣人言行和人世的法律都要为这光环而让道……他的作品发挥着巨大的作用：激发了我们内心深处隐藏的秘密，它们是摇曳的美，是深刻的人道主义，是令生命熠熠生辉的光……

我们再也不需躲闪，如莫里斯·布朗肖所言："我要张开臂膀，我要紧紧抱住你，我要与你滚动在伟大的秘密中。"让·热内的色情真相正是我们每个人的伟大秘密。

《鳄鱼街》：幻想魔术师的神奇礼物

布鲁诺·舒尔茨

布鲁诺·舒尔茨是那些寥寥无几的新晋大师之一——他曾经黯淡地存在于他的时代，在时间——这个伟大魔术师掸拂下，蒙尘的珍宝终于散发出耀眼的光芒。《纽约客》杂志评价道：布鲁诺·舒尔茨是我们这个时代最意外的发现，他的两本短篇小说集将会成为短时期内难以突破的语言极限，再也不会有人像他那样去写作，他的语言中蕴涵了数学的精湛、古典的诗意和病态的抒情。这样"意外发现"的大师，不是文学史中的失踪者，而是一开始就被遗漏的孩子。在二十世纪文学史中，伟大作家中卡夫卡、佩索阿和舒尔茨都属此类。

舒尔茨的存在一度被视为卡夫卡的模仿者和追随者，似乎也大大降低了他的文学存在价值。舒尔茨的履历和卡夫卡有惊人的相似。他们都是犹太人，同出生于小商业主家庭。他们的出生年代也较为相近，卡夫卡生于 1883 年，舒尔茨生于 1892 年，他们虽不在一个地方出生，但这个时段同属于奥匈帝国弗朗茨·约瑟夫一世皇帝统治。他们的身体都较为羸弱，强大的是他们的大脑和精神世界。他们都试图获取世俗的幸福，希望有一个家庭和孩子，但是对于性总是抱有某种排斥与难以言说的复杂感受，对于处理与女友的关系往往是一波三折和失败的。他们都辞世甚早，留下谜一样庞杂的文学遗产……最为关键的是：父亲形象在他们的生活和精神世界中占据着最为强悍的地位，卡夫卡书信《致父亲》、小说《判决》，舒尔茨一系列重要作品的主人公，都是父亲。人们曾经一度以为舒尔茨翻译过卡夫卡的小说《审判》，事实上，那确实是舒尔茨署名的，但是由其女友翻译的。

毫无疑问，小说形象的类似性让读者产生异样的想象。舒尔茨小说中的父亲雅各布变成一只螃蟹，被女仆扔进开水里，但被人嫌弃地抛弃。卡夫卡《变形记》中的主人公格里高尔·萨姆沙变成一只甲虫，最后被家人扫地出门。

但是，这些相似性只是皮相，舒尔茨与卡夫卡的迥异之处是极其明显的……传记作家杰西·费科斯基说："舒尔茨是一个本体收容所的建筑者，不可思议地使世界的味道变得强烈；卡夫卡是一种穴居动物，使世界的恐怖增殖……舒尔茨是神话的创造者和统治者，卡夫卡是专制世界的西西弗斯式的探索者。"

犹太作家、短篇小说大师艾·巴·辛格也倾向于认为布鲁诺·舒尔茨有时候像卡夫卡，同时辛格感到他有时候还像普鲁斯特，辛格最后指出："而且时常成功地达到他们没有达到的深度。"这多少有点言过其实。无论从深度还是从广度上说，舒尔茨与这两位巨人尚有差距……书商们总是把辛格的话作为煽情的卖点，印在舒尔茨书籍的腰封上，我觉得颇不道德。

以色列作家大卫·格罗斯曼无疑是舒尔茨的超级粉丝，他毫无保留把自己塑造成舒尔茨的崇拜者："这些年，我差不多每年都要回头重读一次布鲁诺·舒尔茨的小说。对我来说，这是每年例行的调整和校准，以加强自己抵抗冷漠与逃避之诱惑的能力。每次打开他的书，我都惊讶地重新认识到，这个作家，这个几乎从未离家远行的人，怎样为我们创造了一个完整的世界，创造了现实的另一种维度，甚至直到今天，在他去世多年之后，依然像他儿时对待落在窗台上的小动物那样，继续喂给我们糖块和面包——让我们可以设法熬过人生无尽的寒冬。"

1892 年 7 月 12 日，布鲁诺·舒尔茨出生在波兰德罗霍贝奇(现在归属于乌克兰)，一生没有离开过此地。他的名字来源于天主教加尔都西会创始人圣布鲁诺。他的父亲雅各布·舒尔茨是名布料商人。在他的作品中，父亲雅各布成为唯一的主人公……

青少年时代，舒尔茨学习过绘画和建筑，也热爱文学阅读。他致力成为一名艺术家，画画，办画展，出画册。他汇编了一本以情欲为主题的图画集，叫做《偶像崇拜集》，并怯生生地试图销售，但并不成功。不知是由于尴尬还是谦逊,他对协助他的学生说这些印刷品是奥地利利奥波德·范·萨克-马索克的小说《穿皮衣的维纳斯》的插图,这样易于解释画的内容:非常大胆地描述性爱,体现男性疯狂拜倒在一个有着长腿的裸体女人脚下这一反复出现的主题。当舒尔茨的作品在他定期去疗养的温泉小镇展出时,一个参议员指责这些画充满色情意味并威胁要关闭展览。由于无法以艺术谋生,加上父亲逝世后要承担起支援满屋病弱亲人的重任,他到当地一所学校担任美术教师,一直做到 1941 年,闲暇时间从事绘画和写作。他是那些伟大的"业余写作者"之一。在学校期间,舒尔茨是一名教绘画和手工的老师,但柔弱的他——作为美术老师他不可能从学生那里获得任何尊重。他的学生弗莱谢尔奚落说:"总的来说,他是那种会为自己的存在本身跟别人道歉的人。"所以你完全可以想象课堂上的情形。想要维持纪律是项严峻的挑战,他知道自己一定会沦为男生们的笑柄。要想不被学生们生吞活剥,他就只能干点别的。"他有一个绝妙的主意——给我们讲故事。即兴发挥,信手拈来的故事。那的确就是他在美术课上做的:用文字作画。他讲故事,我们听——就连最不服管束的野蛮动物都会听。"弗莱谢尔这样描述他的老师舒尔茨:他是那样明显地缺乏自信。他是那种会走进教室说"对不起,我来了""对不起,我在呼吸"的人,那么一个角色。他连走路也总是弓着身子……另一名他过去的学生回忆道:“那些故事中,一支铅笔,一个不显眼的水罐子或者一个砖炉都有自己的历史及与我们相似的生活方式,就像人类一样。”当舒尔茨讲故事的时候,他会用粉笔在黑板上作画解释。在讲故事的同时,舒尔茨开始了他的小说创作。

1934 年,在别人帮助下,舒尔茨的第一部短篇小说集《肉桂色铺子》出版(英文版名为《鳄鱼街》)。1935 年,舒尔茨同一所天主教学校的女教师约瑟菲娜·赛琳丝嘉订了婚。1936 年,舒尔茨与自己的未婚妻取消了婚约。同年,他的第二部也是生前出版的最后一部小说集《用沙漏作招牌的疗养院》问世。1938 年,舒尔茨获得了波兰重要的文学奖项——“金桂冠”奖。据拉塞尔·布朗在《神话与源流》一书中透露,乔伊斯曾经为了读懂舒尔茨,一度想学习波兰语(此事未见其他旁证,不知真假,存疑。)。

1939 年,纳粹德国和苏联签署了肮脏的《苏德互不侵犯条约》,秘密瓜分了波兰,德罗霍贝奇被并入苏联乌克兰。在苏联人统治下,舒尔茨受委托制作一些宣传画,包括斯大林的画像,赚一点钱养家糊口,但无法发表作品。“我们不需要普鲁斯特们。”当局直截了当地告知他。1941 年 6 月德国入侵德罗霍贝奇,所有学校关闭,作为犹太人的舒尔茨被迫放弃他的家搬到隔离区。舒尔茨一度设法躲过最坏的情况。他幸运地获得一名自称喜爱艺术的盖世太保的荐举,从而获得“必要的犹太人”的地位和珍贵的袖箍,这个识别标志在围捕期间使他得到保护。他替其赞助人的住宅四壁和盖世太保官员们的赌场的四壁做装饰,并获得粮食配给作为报酬。他准备下决心逃离德罗霍贝奇,但在盖世太保发起的一个“无政府日”期间,他与其他100多名犹太人在大街上被射杀。

舒尔茨的主要文学遗产就是两本小说集:《鳄鱼街》和《用沙漏作招牌的疗养院》。当然,因为这两本书,我们有理由认为它们是欧洲现代主义最为原始最具创造性的文本之一,舒尔茨也被人们粗鲁地贴上“象征主义”“表现主义”和“超现实主义”作家之名。

父亲雅各布是舒尔茨作品中唯一且绝对的主角,他在生与死之间来回摆渡,一个曾经死去的人不断回到生活之中……父亲对于死亡是采取一种分期偿还的形式。父亲是异想天开的幻想家,他通过幻想获得某种被其他人排斥的存在感,甚至可以说,父亲是一名幻想艺术家。父亲更像一个幼稚的孩童,一个单纯的诗人,他的所作所为站在“大人们”的反面。父亲沉湎于鸟类的孵化工程,痴迷于人体模型的“背驰者邪说”……有时候,他迷失在分类账、日历本的运算迷宫内部……舒尔茨的每一个小说都会不同程度地运用神话元素,当然这些解构了的神话带给我们的是深深的战栗，而非惬意的奇思妙想。圣洁的故事从纯洁的天堂跌落至污浊的地面，经历了一个迅速世俗化的堕落过程。通过舒尔茨魔术师般的丰沛想象，这个转换的过程令人惊骇，人类的一切追逐和救赎都是徒劳的。父亲的形象，事实上，蕴涵着舒尔茨本人作为艺术家的孤寂和悲悯。

舒尔茨的父亲形象是复杂多变的，在不同的小说中以不同的面目出现。他以人、蟑螂、螃蟹或者蝎子出现。父亲是失败的，绝望的，悲哀的，但父亲却拥有着隐秘的个人幸福："他封起了一个个炉子，研究永远无从捉摸的火的实质，感受着冬天火焰的盐味和金属味，还有烟气味，感受着那些舔着烟囱出口的闪亮的煤烟火蛇的阴凉的抚摸。"在《鸟》中，父亲将自己与实际的事务隔开，开始对动物发生强烈兴趣，他从汉堡、荷兰和非洲的动物研究所进口种种鸟蛋，用比利时进口的母鸡孵这些蛋……父亲的事业兴旺发达，他安排起鸟的婚配，使那些稀奇古怪的新品种越来越稀奇古怪，也越来越多。女仆阿德拉的到来终止了父亲的事业。阿德拉成为父亲和人世间唯一的联结，成为父亲内心里唯一的恐惧。怒气冲冲的阿德拉挥舞着扫帚，清洗了父亲的王国，把所有的鸟从窗口驱赶了出去。"过了一会，我父亲下楼来——一个绝望的人，一个失去了王位和王国的流亡的国王。"父亲的童话王国被尘世的力量摧毁了!

舒尔茨的所有小说,都是通过一个小男孩视角讲述的。余华以为:“布鲁诺·舒尔茨为自己的叙述找到了一个纯洁的借口——孩子的视角,而且是这位父亲的儿子,因此叙述者具有了旁人和成年人所不具备的理解和同情心,孩子的天真隐藏在叙述之中,使布鲁诺·舒尔茨内心的怜悯弥漫开来,温暖着前进中的叙述。”舒尔茨相信,艺术建立在艺术家有限的童年图景中。他写道:“从那以后他们没有发现任何新的东西,他们只学会如何更好地理解一开始就托付给他们的秘密;他们用创造性的努力去进行无休止的解释,记录分派给他们的那首诗的对偶句。”他在一封信里这样写道:“我们童年时读的书已经不存在了,它们随风飘逝,仅剩下空荡荡的骨架。”“无论是谁只要他的心里还保有童年的记忆精髓,应该把他所体验过的重新写出来。”他有一个小说叫《书》,叙述者回想起一本书,书中的页面在摩挲下会变得光彩夺目:“从字母之间放出一群群燕子和云雀。接着它升入空气中,一边一页接一页地散开,温柔地,使风景布满空气,让风景饱食各种色彩。有时它睡着了,风悄悄地,像吹动一朵洋蔷薇那样围绕它,一片接一片地吹开它的花瓣,就像眼皮叠着眼皮,所有的都是合上的……”它美轮美奂,但是最终还是遗失在巨大的世俗生活之中。多年以后,当男孩问他的父亲那本书去哪了，他被告知那只是“一个神话，当我们还小的时候，相信它是真实的，但等我们变老了，我们就不再把它当一回事了”。

舒尔茨的作品中弥漫着超现实和超自然的强烈气息。舒尔茨对于现实并不信任，他说：“现实像纸那样薄，用它的一切缺点显露出它的模仿性。”现实世界的确定性依赖于作者的想象力。隐藏在平凡庸常里的生活必将繁衍出一个虚幻而怪诞的世界：如从一次夜间的散步，或者和一个流浪者的邂逅，延伸到神秘的空间。异度时空的神奇景观大大拓展了我们的日常的感觉认知，突破了我们固有的认知局限。“非常小的一件事其来由可能无足轻重，但是当它发生在某人的眼前，它可能展示无限和耀眼的内在，因为其中有一个更高的秩序或神明试图表现自己且散发出强烈的光芒。”舒尔茨这样写道，“故此，我们应当收集这些暗示，这些逼近于世俗的基本，这些在我们生命中的某个时期和状态，它们每一个都像一面打破的镜子的碎片。”

《裁缝的人体模型》里，一个人体模型激发了父亲的想象，即通过某种方法，人可能被重塑成任意形象：“对于每一个动作，每一句话，我们都将想起不同生活状态的人。”叙述者视他为“异教的教主”，然而这并非指宗教意义上的异端，而是指平庸生活的另类：舒尔茨的作品中，在时间之外都有着神奇的变化和瞬间,试图战胜线性流动的时间。《用沙漏做招牌的疗养院》中,叙述者见到了两个父亲,一个生龙活虎,一个奄奄一息。由于时间差,出现了某种相对性,医生把父亲过去的时间激活了,包括它的全部可能性。"难道有两个父亲吗?不可能发生这种事。问题出在时间迅速瓦解却没有在持续的警觉状态观察到。"线性时间被取缔了,乏味循环的时日散发出迷人的光芒,作为一个以幻想为生的魔术师,舒尔茨把我们带到一个遥远而纯洁的黎明,亦如舒尔茨在小说《书》中所描绘的那样:"哦,那薄翼的脱落,那光明的浸染,那幸福的春天,哦,父亲……"

当我们在等待戈多时，我们在等待什么？

塞缪尔·贝克特

作为作家，贝克特真实存在过吗？贝克特从来就是一个虚无的镜像？

贝克特是我们人类从过去走向现在与未来的恐惧症状，是一面超越光学特性的可怕镜子。哈罗德·品特称"贝克特是有史以来最勇敢、也最冷酷的作者，他越是使劲地揉我的鼻子，我越是对他充满感激"。

1906年4月13日，塞缪尔·贝克特出生于爱尔兰的首府都柏林，他的父亲是一位建筑工程估价员，母亲则是一位虔诚的法国新教徒。幼时，他曾在德国人开设的幼儿园和法国人开设的中学接受教育，这都拓展了他的语言天赋，为他日后用英、法两种语言创作打下基础。青年贝克特热爱运动，板球打得十分出色，是一名左手击球手和左臂中速投球手。曾代表都柏林大学和北安普敦郡打过两场一级比赛。因此，他成为唯一一位被选入号称板球界《圣经》——《维斯登板球年鉴》的诺贝尔奖得主。1928年到巴黎高等师范学院和巴黎大学任教。1931年，他返回都柏林，在三一学院教法语，同时研究法国哲学，获哲学硕士学位。1932年，贝克特漫游欧洲，1938年定居巴黎。德国占领法国期间，他曾因参加抵抗运动，受法西斯的追捕，被迫隐居乡下当上了农业工人。第二次世界大战结束后，短期回爱尔兰为红十字会工作，不久返回巴黎，成为职业作家。在巴黎期间，他有幸成为当时最伟大的作家詹姆斯·乔伊斯的朋友，他的写作既是对乔伊斯写作遗产的继承，也是某种意义上的背叛。在艺术精神上，贝克特是乔伊斯一脉相承的后继者；在形式上，贝克特又走向了另一个极端的顶峰。

在贝克特那里，到底有一些什么呢？作为艺术家的他干了些什么呢？他试图思考或者实践这样的东西："没有可表现的东西，没有可用来表现的东西，没有可作表现根据的东西，没有能力去表现，没有必要去表现，也没有义务去表现。"

似乎贝克特的作品带给人们的是绝望的讯息，是人类精神的最后审判。当然，它也部分地涉及了约伯的寓言，似乎也可以作为一本不再给人们希望的《圣经》。在宗教的层面上谈论他的书是不合适的，虽然这涉及神圣和伟大。其实，它们是套在我们头上的紧箍咒。对于沉迷于物质生活的芸芸众生来说，也许感觉不到它的存在；但是一旦要严肃起来，我们一旦要思考点什么的话，这个紧箍咒就会发出它强大的电磁波，足以摧毁我们建立起的一套关于诸如"生活是美好的"之类洋洋自得的谎言，而且还是那样的坚决和无情。贝克特的作品是一座座迷雾中的孤岛，抵达便是绝望。他把自己的主人公埋在坟墓里、沙土里和垃圾箱里。同时，他把我们作为人的一切华而不实的、虚假的、表象的、自我感觉良好的、哲学的、道德的等等均深深地埋葬，扔进他的荒芜的坟墓和苍白的垃圾箱里。他的书中只剩下赤裸的真相与人类精神的本质。

剧作《等待戈多》的出现意味着：在我们这个世界上，一个叫贝克特的独一无二作家的诞生。

1949年，母亲离世，贝克特从都柏林返回巴黎，他开始写作《等待戈多》。他在这部剧作的写作中感受到日益丧失的宁静和自信，他希望时间的流逝带走充斥于他内心的焦虑和沮丧。直到1952年，在正式出版之前，《等待戈多》一直处于不断修改之中。被搬上舞台之后，剧本再次被缩短和修改，使得它在戏剧性上更有说服力。剧本最终形态的定型，首任导演罗歇·布兰对于营造该剧剧场效应的纯粹性上贡献甚多。

《等待戈多》真是简单，似乎也极容易概括它的大意。这是个两幕剧。第一幕：两个身份不明的流浪汉戈戈和狄狄，即弗拉季米尔和爱斯特拉冈，在黄昏小路旁的枯树下等待戈多的到来。为消磨时光，他们语无伦次，东扯西拉，尝试着讲故事、闲聊、逗嘴、耍帽子、吃萝卜、尝试上吊。他们错把前来的主仆二人波卓和幸运儿当作了戈多。直到天快黑时，来了一个小孩告诉他们戈多今天不来，明天准来。第二幕：次日黄昏，两人如昨天一样，在等待戈多的到来。还是老一套：讲故事、闲聊、逗嘴、耍帽子、吃萝卜、尝试上吊。不同的是枯树长出了四五片叶子，再次到来的波卓成了瞎子，幸运儿成了哑巴。天黑时那孩子又捎来口信说，戈多今天不来了，明天准来。两人大为绝望，想到死却没有死成，想走却又站着不动。

两个名字正像诗一样，充满韵律。弗拉季米尔，爱斯特拉冈。

有一个名字——戈多，已经成为神话，流传甚广并给我们人类无限想象。

这些词语已经成为我们人类神经上生长出的谶语，潜伏着神秘的寓意。

那个"幸运儿"为什么幸运？用贝克特自己的话来说："我认为他是幸运的，因为他已经无所期待。"

贝克特是个自传性特征鲜明的作家，生活中的某些经历以极度变形的方式进入他的作品。《等待戈多》中，爱斯特拉冈一直受到他那双小鞋的困扰，据说贝克特童年时就有此经历。贝克特和他妻子苏珊娜的对话直接就进入了剧作。第一幕中，弗拉季米尔说："你真该当诗人的。"爱斯特拉冈回答道："我当过诗人。……这还不明显。"据亲近贝克特的朋友说，这就是他们夫妇间的原话。

关于“戈多是谁”的研究和争论已经持续了半个世纪，显然还会继续下去。戈多事实上是部分的贝克特，更多的时刻是一个关于我们人类未来的谶语，是简单的虚无，是复杂的无限，是我们自己镜中的影子。1956 年，《等待戈多》的导演施耐德问贝克特“戈多是谁或者指什么”，贝克特的回答是：“如果我知道戈多是谁，我早就在剧本里说了。”

1953 年，《等待戈多》首次在巴黎公演。1957 年 11 月 9 日，《等待戈多》在旧金山圣昆廷监狱演出，观众是 1400 名囚犯。演出之前，导演和演员都忧心忡忡：世界上最粗鲁的观众能看懂《等待戈多》吗？结果出人意料，囚犯观众被它深深打动，所有囚犯都感动得痛哭流涕，一个犯人说“戈多就是社会”，另一个犯人说“他就是局外人”。

《等待戈多》有某种捉摸不透的魔力。似乎可以这样臆测：生活中的真实可信的事件一旦服务于剧作中那些人的存在状态时，这些个性化的经验就上升为人类普遍性的隐喻。它们被高度抽象化，完全蒸发掉现实生活中的水分，成为一种人类精神存在的细节。它最为迷人也是叫人最为捉摸不透之处，正在于它的不确定性和无法缩减的模糊性。

贝克特的作品是一种罕见的单调。如果换了别人，一个才华稍逊的作家，作品将被降低到怎样一个层面里，几乎不可想象。当然也可以想象，也许是无谓的说教和笨拙的滑稽。他的单调，我认为，所到达的程度就是诗。“单调到诗”是我谨慎而又大胆的概括。A·阿尔瓦雷斯很早发现了这个秘密，他分析道：“两个流浪汉关于‘所有死掉了的声音’的对话，是戏剧作品中一个才华横溢的、独出心裁的段落。……这种朴素的笔调与丰富的想象力的结合使它本身成为一首诗，就像在那个时代写的任何诗一样。”研究荒诞派戏剧的学者马丁·艾斯林对此亦认识颇深：“这段话把爱尔兰杂艺厅小丑的打探点石成金地变成了诗，其中包含着打开贝克特的很多作品的钥匙。”

贝克特在写出了《等待戈多》之前，默默无闻地工作了20年（可以从1929年他写出关于乔伊斯的文论《但丁……布鲁诺。维柯……乔伊斯》算起），在这些年里，他写出了诗歌《婊子镜》，文论《普鲁斯特论》，小说集《多刺少踢》，长篇小说《莫菲》，长篇小说《瓦特》，短篇小说《镇静剂》等，长篇小说《莫洛伊》，长篇小说《马龙之死》。

很多人评价贝克特的小说沉闷、没有生气，甚至是拖沓的。我对此持保留态度。作为一名读者，相反地，我热烈地拥护这些沉闷的、乏味的、郁闷的作品。因为正是在这些作品中，我发现了贝克特作为一名作家的勇气和坦诚。

由于其自身的坚定和警醒，他的纯洁性、浓缩性和独创性成功地帮助贝克特摆脱了乔伊斯的影响。其永恒的忧郁和沮丧全然发自他的内心深处，而为他的文本赢得了不容置疑的庄严和艺术确定性。如果没有这样的因素存在，他的作品恐怕难逃矫揉造作或装腔作势的厄运。

贝克特在某种意义上不是魔术师，而是具有罕见耐心的且朴实无华的泥瓦匠。多少年来，他独孤一个人，进行他自己的战争，真正一个人的战争……他是一个生活在自己心中、倾听自己心灵中的声音的人。这个世界上至今还没有出现一个像他一样工作的作家……他推倒了豪华的文学大厦，摒弃了智力上的奇巧，而仅仅依靠自己的血肉构筑精神的天堂(同时也是地狱)。

《等待戈多》在世界范围内的大获成功，使贝克特有些厌倦，很多公众事务迫使他走出书斋，抛头露面。1969年，他获得了诺贝尔文学奖。他从来不希冀获得怎样的声名，当世界性的声誉排山倒海般地涌向他的时候，他甚至显得有些恼怒。名声对他而言是一种负担，1981年的时候，贝克特给他的朋友詹姆斯·诺尔森的信中引用了诗人亚历山大·蒲伯的《笨伯咏》中的一句诗："去你的，名声。"

我认为，贝克特作品中的诗意是作为凌驾于作品其他特性的必然存在。他的作品可以从哲学、心理学、宗教和社会学等方面去阐释，而且这些阐释从来就没有中断过，但是最重要的是把他的作品看成诗，“有关时间、时间的稍纵即逝性、存在的神秘性、变化与稳定的似非而是性、必要性和荒诞性的诗。”（马丁·艾斯林《荒诞派戏剧》）诗永远是艺术的最高形式，但并不一定要求它们必须以长短句、韵律和分行的形式来显示，通过其他形式释放出诗意也是允许的和必然的。阿兰说，小说在本质上应是诗到散文。我想，随着时间的流逝，小说在到达散文的时刻起，它又要转向诗了。普鲁斯特和贝克特给我们作了精确的示范。

由于作品不可思议地抵达了诗的世界，贝克特本人也就从他作品的常见的绝望、伤感、崩溃等恶劣的情感中解放出来，达到了“齐是非”的思想境界，他的身上体现出确定无疑的“魏晋风度”。这对他而言，既是保护，也是救赎。

在贝克特《无法称呼的人》的结尾，叙述者说：“我就在那里，我不知道，我永远都不会知道，在沉默中人们是不知道的，必须继续下去，我不能继续，我将继续。”贝克特对于我们的阅读与思考呢，也是如此，我们必须继续下去，我们不能继续，我们将继续。

里尔克：一个伟大的引导者

因为生活和伟大作品之间
总存在着某种古老的敌意……
——里尔克

赖内・马利亚・里尔克

维特根斯坦说，伟大导师的作品是环绕我们升起而又落下的太阳。里尔克的《杜伊诺哀歌》和《致奥尔甫斯的十四行诗》正是这样的作品。

毫无疑问，里尔克是对中国新诗产生持久而深远影响的外国诗人之一。他的作品在很大程度上促进了中国新诗的发展。里尔克是二十世纪公认的现代诗歌大师，他的魔法令我们着迷，他思想高远、技艺娴熟、情感深厚、风格卓异。他短暂的一生携带着尘世与艺术的气息，把自己化身为诗歌的天使，洞悉世界与心灵的双重秘密。

勒内·马利亚·里尔克于 1875 年 12 月 4 日出生在奥匈帝国统辖下的布拉格。在此之后的 1880 年和 1883 年，伟大小说家罗伯特·穆齐尔和弗兰兹·卡夫卡相继在此出世。现代主义文学版图中最璀璨的三颗明星均在布拉格诞生，没有他们仨，我们几乎无法想象现代德语文学将会是一种怎样的状况。这是多么奇妙的一个城市啊，也许正如克里玛所言，它闪烁着谜一样的布拉格精神！

里尔克的父亲志大才疏，努力挤入上流社会的梦想最终破灭，只能进入铁路公司任小职员。而母亲出身较为高贵，爱好文艺。里尔克9岁时，父母离异。里尔克在父亲的安排下，就读于圣·珀尔滕军事初中，据说当时的平民阶层以此从军从而可以挤进上流社会。四年后，他进入另一所军事高中，但里尔克天性孱弱敏感，根本就无法适应这里的生活。在事后，他给友人的信中，多次提到军校的生活对于他幼小身心的摧残，在他的记忆中只有“惊骇的课本”和无底的灾难。后来，他陆陆续续在林茨商学院、卡尔·费迪南德大学、慕尼黑大学上过学。这期间，他开始了早期的诗歌写作，出版了处女诗集《生活与诗歌》，兼有浪漫主义和印象主义的特点。

里尔克不是那种天生的大师，而是通过自我教育成长起来的。早期的作品往往带有空洞抒情的腔调，落入俗套，并不比当时其他诗作高明多少。不过，我们有理由相信年轻的里尔克即开始模仿未来的里尔克。里尔克能够及时地认识到自己的局限性，由于受到的教育有限，他终生觉得自己是个自学者，成年之后，他还一度打算进行系统的学习来弥补先天的不足。他一生都有强烈的求知欲，他热爱思想家和艺术家，他与托尔斯泰、瓦雷里、罗曼·罗兰、霍夫曼施塔尔、尼采、弗洛伊德和莎维塔耶娃都有形式不同的接触，他从罗丹、塞尚、列宾和毕加索那里汲取养分，他以荷尔德林为精神导师……他的独特性把这些人类最为灿烂的文学、艺术、思想都汇入了自己无限的精神之河之中。里尔克通过内心的日臻完善塑造着诗歌奇迹。

21岁的里尔克听从内心的召唤：从大学辍学，离开布拉格，迁往慕尼黑，雄心勃勃准备专事文学创作。多年后，他这样看待自己的出走："为了在艺术上真正起步，我只得和家庭和故乡的环境决裂，我属于这么一种人：他们只有在以后，在第二故乡里才能检验自己性格的强度和承载力。"

这一年，他结识了莎乐美，她代表着里尔克命运中最为关键的一个坐标点。此时莎乐美36岁，是欧洲大陆知识沙龙所共享的"玫瑰"，在此之前，她与另一位天才——尼采相交甚好，但当尼采向她求婚时，她拒绝了。后来她还与弗洛伊德关系甚密。这是21岁的里尔克第一次真正充实的恋爱，她与他心有灵犀，理解他，又胜他一筹，处处引导他。同时，里尔克在恋人的身上窥见了母亲的形象。爱情加友谊的关系持续了数十年，他们相互信赖，直到里尔克辞别人世。他们一起访问俄罗斯，拜访文豪托尔斯泰，里尔克深入了于他而言神秘而阔大的俄罗斯文化。

大约有十二年时间，巴黎成为里尔克生活中的中心，是他主要居住和命运变化的地方。在这里，他成为雕塑大师罗丹的私人助手；在这里，以《豹》为代表的一批"咏物诗”将诗人对于世界的感知性提到了新的高度，他学会了用心灵来思想。这些数量可观的杰作，在穆齐尔看来，依旧是“有待成为大理石的瓷器之料”。

里尔克在《布里格手记》中这样写道：“唉，要是过早地开始写诗，那就写不出什么名堂。应该耐心等待，终其一生尽可能长久地收集意蕴和甜美，最后或许还能写成十行好诗。”也许我们认为这不过是诗人的谦逊与不实之词，但事实并不是那么简单。里尔克本人在他的内心深处就是对写作好的诗歌有着审慎而执着的忧虑。他接着写道：“因为诗并非像人们认为的那样是感情，而是经验。为了写一行诗，必须观察许多城市，观察各种人和物，必须认识各种走兽，必须感受鸟雀如何飞翔，必须知晓小花在晨曦中开放的神采……”他要求诗人回想起童年的疾病、压抑的日子、海边的清晨、各种不同的爱情之夜等生活中与思想上遭遇的种种细致入微的情形。参照这种严格得近乎苛刻的要求，里尔克总结他的创作，说：“迄今为止我写的诗却不是以这种方式写出来的，所以都称不上是诗。”他时年29岁，已出版了几部诗集，但他认为自己仍是一事无成。是的，对于里尔克来说，也许可以称作“一事无成”，因为他最重要最优秀的作品尚未开始写作。

里尔克的写作遇到了巨大的困难，这倒不是说他江郎才尽写不出什么优秀的诗歌来，而是在写作过程中，他还要继续攀登，向诗歌艺术与人类思想的最高峰艰难地爬去。到 1922 年，这样艰苦卓绝的攀登尤为明显。他说，1922 年 2 月期间他感到很孤独，他的全部工作就是等待，等待着什么东西出现。瓦雷里理解里尔克：他是“世界上最柔弱、精神最充溢的人。形形色色奇异的恐惧和精神的奥秘使他遭受了比谁都多的打击”。为了创作，他走在崩溃的边缘，他清醒地感知这一严重的时刻：“我爱我生命中的晦冥时刻/它们使我的知觉更加深沉”这是命运性的时刻，海德格尔这样论述他：“如果里尔克是贫困时代的诗人，那么，也只有他的诗才能回答这样的问题：诗人何为？……世界黑夜的命运决定着：在里尔克的诗中，什么东西保持为命运性的。”

奇迹出现了，但对于诗人自己而言也许并非如此。这一年，里尔克完成了他一生中最伟大的作品：《致奥尔甫斯的十四行诗》和《杜依诺哀歌》。同年，令人惊异的是，现代主义文学达到了它的顶峰，最优秀的作品同时在 1922 年相继问世。瓦雷里在沉寂数十年后完成了《幻美集》，T·S·艾略特经过长年不懈的努力，出版了《荒原》，乔伊斯用七年时间写就的巨著《尤利西斯》终于出版。

1926 年 12 月 29 日，里尔克与世长辞。墓碑上刻着他自己撰写的墓志铭：“玫瑰，哦，纯粹的矛盾，倾向于/无人的安眠/在如此多的眼睑下。”茨维塔耶娃悲痛欲绝，向里尔克的亡灵写信道："你走了，时间也似乎模糊了……我亲爱的，你魂归西方，此处已无死亡，亦无生命。"

对于灵感，瓦莱里说，他从不信任。里尔克的诗歌中处处体现人与世界的独特联系正是通过灵感来实现的。也就是说，里尔克宣称灵感是存在的。但我以为，里尔克恰恰是恪守诗人职业性的楷模。他运用艺术深刻挖掘人类的感受力，在最大程度上呈现它的深邃丰富、隐秘自由。一个有着卓异禀赋的诗人对于自己所从事的工作如此专注，这种职业精神叫我们动容。1938 年，英国诗人奥登来华，他观察了抗战中的中国，他愤慨于当时节节败退的战局，写下组诗《战地行纪》，其中有一节：

> 他经过十年的沉默，工作而等待，
> 直到慕佐他显现全部的魄力，
> 一举而叫什么都有了个交代：
>
> 于是带了完成者所怀的感激，
> 他在冬夜里走出去抚摸
> 那座小古堡，当作一个庞然大物。

在诗中，奥登义愤填膺，但也用诗歌告诉中国人民，要赢得战争的最后胜利，需要有持久不变的耐心。他用他景仰的诗人——里尔克创作《杜伊诺哀歌》和《致奥尔甫斯的十四行诗》时漫长的准备与期待，来勉励我们脚踏实地，从细微点滴做起，终将会赢得胜利，摘取喜悦的果实。

里尔克是一位最有中国缘分的现代主义大师。在诗人的人格塑造和精神面貌呈现上，里尔克是如此清晰，如此深入，诗人臧棣以为他提供了“一种诗歌精神上的范式，隐秘地满足了中国诗人对于诗歌的现代性的渴望”。

被鲁迅称为“中国最杰出的抒情诗人”的冯至可以说一生钟情于里尔克，他翻译、介绍里尔克，并从里尔克那里汲取了丰厚的遗产。甚至冯至的经历都类似于里尔克，他与里尔克一样，遇到创作中漫长的沉寂期，《十四行集》(27首)的问世无疑是他献给导师里尔克最伟大的礼物。他说：“我那时……过着艰苦穷困的生活，但思想活跃，精神旺盛，缅怀我崇敬的人物，观察草木的成长、鸟兽的活动，从书本里接受智慧，从现实中体会人生，致使往日的经验和眼前的感受常常交融在一起，交错在自己的头脑里。”同时，他深受里尔克《致奥尔甫斯的十四行诗》的启迪。里尔克的隐忍执着耐心等待的精神品质深深地影响了他。

在冯至的《十四行集》之后，又有一批年轻的现代诗人蓬勃生长起来，这里面最重要的要数当时西南联大时期冯至的学生穆旦和杜运燮了。他们也是中国新诗史中最重要的现代主义诗歌流派“九叶诗派”的主将。里尔克、艾略特、奥登、叶芝、冯至深深地影响了这些年轻的中国诗人。“九叶诗派”中其他几叶如辛笛、陈敬容、郑敏、唐祈、袁可嘉等人也都不同程度地受到里尔克的影响。如今，里尔克对于当代中国诗人的影响力更是有增无减。

在里尔克的身上，中国诗人深刻理解了一种超越性的精神性，这种精神性唤醒了中国人自身相似的精神倾向，对于里尔克的投契与领悟打开了中国诗人对现代性的强烈需要。对于里尔克的意义，我相信穆齐尔所言：“在通往一种未来的世界图像的道路上，他将不仅是一个伟大的诗人，而且也是一个伟大的引导者。”

《死亡赋格》：战后欧洲的“格尔尼卡”

保罗·策兰

1970年4月20日，也就是逾越节（犹太教的节日，持续八天）的一天，一位年近五十的男子飞身从巴黎塞纳河上的米拉波桥上跃入水中。5月1日，一位渔民在下游七英里处发现了他的尸体。

他的一跃完成了他的死亡赋格曲。他就是诗人保罗·策兰。出门前，策兰在记事本上写下："保罗/走了"。书桌上是《荷尔德林传》，在翻开的那一页上面，他划下了一段话："有时，天才会变得黑暗，沉入内心的苦井……"

在此之前，他致力于探讨死亡的秘密，在他所有的诗篇中，给予世界巨大声响并留下回声的就是他的死亡赋格曲。但直到这一刻，他才真正完成他的诗篇。正如他在接受毕希纳文学奖致辞时引用的一句话："死亡作为自我解放到来了。"他的死亡，他的诗篇为人类孱弱的精神存在树立了永恒的纪念碑。

在有限的一生中，保罗·策兰的经历几乎成为人类苦难的缩影。他是一个无国籍（或者说国籍不明）的人：他的出生地布科维纳1918年前是奥匈帝国的一部分，一战后归属罗马尼亚，二战时先后被苏联和纳粹德国占领，1947年复并入乌克兰。就精神层面而言，他是一个无家可归者。他是经历纳粹劳动营并侥幸活下来的少数人：1942年，作为犹太人，策兰被纳粹强征做苦力，他的父亲因强迫劳动和伤寒命断集中营，他挚爱的母亲被纳粹枪杀。他是一名逃亡者：1947年，他冒险偷渡去了维也纳，随后逃往巴黎。他在《不莱梅文学奖获奖致辞》中反思自己走过的道路："我走了多少弯路！然而，有弯路吗？"

1920年11月23日，保罗·策兰出生在布科维纳地区的首府切尔诺维兹，他的原名叫保罗·安切尔。那里的十万居民中有近一半是犹太人，他们称这个地方叫"小维也纳"。母亲一直教授他纯正的德语，母亲认为"德语更加重要"，她花费一辈子的精力保证儿子一定要讲文雅纯正的德语，她本人就特别喜欢德国古典文学，因而"母亲"和"母语"在情感和记忆深处合二为一了。在诗中，策兰曾经写过：文字是母亲的监房，因而母亲对于策兰而言也是缪斯的化身。由于身为犹太人，父亲强调儿子的犹太式教育，他让保罗上希伯来语的学校，以传承犹太人的精神传统，因而"希伯来语"与"父亲"是联系在一起的。在保罗的青少年时代，他深受多种文化浸染：他的家庭打上了犹太文化与奥地利-日耳曼文化的印记，他在多种语言混杂（有德语、乌克兰语、罗马尼亚语、意第绪语等）的环境下度过，并会说多种语言。可以从一个事例获知他的希伯来语水准：他访问以色列时，当耶胡达·阿米亥朗诵他翻译成希伯来语的策兰诗歌时，策兰能及时地提出改善的建议。

6岁时，保罗就显示出对诗歌的特别兴趣。他回忆说："当时我六岁，已经能够背诵席勒的《钟声之歌》。"

13岁，保罗强烈地意识到自己作为犹太人的身份。1934年1月，他给他的姨妈写了一封信，在信中，他抱怨说，按道理，他应该在班上排第一而不是第二名。为了说明如何不走运，他（用带有嘲讽意味的、就事论事的措辞一本正经地）自夸说，他"属于闪族人的犹太分支……是啊，至于我们学校的反犹太思潮，我可以就此写一部300页的大部头。"少年时代的反犹思潮必然地一直延续了下去，并发展成一种不可救赎的灾难。保罗多舛的命运和深邃悠远的作品也必然地与这一思潮深深地联系在一起了。

1933年成人礼之后，保罗一度参加过"一个主要由犹太人组成的、怀疑是反法西斯性质的青年团体"。这个团体甚至有明显的亲共产主义倾向，但保罗很快就对此失去了兴趣。然而他对无政府主义思想却倍感亲切。在阅读口味上，少年时期的保罗与大家基本上是一致的，他"读歌德、席勒的作品，也读一些与他意气相投和能启发思想的作家，如海涅、特拉克尔、荷尔德林、尼采、魏尔伦、兰波以及后来的霍夫曼斯塔尔及卡夫卡"（见费尔斯坦纳

《保罗·策兰传》)。当然,他很早就显示出对德语诗人里尔克的特别喜爱,这也昭显了他作为诗人的美学品位。

保罗·安切尔长得英俊有型,气质高雅,这可以从很多他的照片中看出来。其中一张摄于 1937 年 2 月的切尔诺维兹,他的朋友珀尔·菲奇曼保留着这张照片,并在多年后展示给策兰专家费尔斯坦纳看,他绘声绘色地描述了他的朋友保罗:"苗条、深色头发和眼睛,英俊,长得有诗意,笑声文雅而特别……可以说,保罗有些矜持,他有一张杏仁脸……他的声音轻柔悦耳……柔和轻快的嗓音。他的幽默犀利尖锐,又显得十分谦逊。"这几乎是让人嫉妒的完美青年!

二战爆发,1942 年 6 月 27 日,保罗的父母被纳粹带走。据幸存下来的犹太人零星的回忆,"他父母被关在运牲口的车厢里,火车在炎炎夏日里开了五天,之后他们被关进布格河南边的马厩。他们或是去修路,或是去采石场劳动,都是苦活,还要遭受党卫军和乌克兰守卫的残酷对待"。之后,是接连而至的死亡:先是父亲死于伤寒,接着是母亲不适合劳动而被枪决。但这些消息是保罗延迟得到的,他满怀伤痛和悲愤,写作了诗歌《冬》,诗中写道:"妈妈,成长还是创伤?"我想,对于保罗而言,父母的死亡是他生命中不可逾越的命运,是诗人成长的必然遭遇,只不过,这种成长以巨大的创伤深深地锲刻在保罗的内心。

“弦上偶尔悬着一朵时光玫瑰。”这时候的抒情是多么的不合时宜啊，这朵时光的玫瑰滴着血，洒落在诗人前进的道路上。

所有的资料都已经无法探究策兰是如何从劳动营中逃脱的了。但可以肯定的是，1944 年苏联红军向西推进的时候，保罗·安切尔不是逃走就是被释放了。在 3 月份，苏联红军到来之前，他就回到了家。当年秋天，他的家乡布科维纳地区被苏联吞并了。1945 年 4 月，他离开家乡切尔诺维兹前往罗马尼亚首都布加勒斯特。

策兰离开，带着他的不幸，终身没有卸下。

作为德语诗人，他深陷荒谬的自身存在之中。德语是他的“母语”。奥斯维辛之后，不可抗拒的宿命落到了他和写作语言的关系之中，他必须要用他称之为“刽子手的语言”来写作。1946 年 2 月，他在给一位友人的信中写道：“我要告诉您，一个犹太人用德语写诗是多么的沉重。我的诗发表后，也会传到德国——允许我跟您讲这样一个可怕的事情——那只打开我的书的手，也许曾经与杀害我母亲的刽子手握过手……但我的命运已经注定了：用德语写诗。”

《死亡赋格》是策兰发表的第一首诗歌。这是他的起点，死亡从此就成了他人生的标记，诗歌最为刺眼的铭牌。死亡宿命般地成为策兰最基本、最黑暗的主题。

1947 年，这首诗首次以罗马尼亚文发表。策兰在后来的诗集中标为“布加勒斯特，45”。即是作于 1945 年。更合理的状况是，这首诗应该作于更早的 1944 年，策兰通过不断的修改，1945 年 5 月才正式定稿。据策兰的朋友基特纳回忆，那是在 1944 年春季的末尾，“肯定不是在那之后很久的事情。一天清晨，保罗在位于赛本伯格街的切尔诺维兹大主教教堂的铁栏杆外，他把不久前刚刚写好的《死亡赋格》念给我听”。

这首诗广泛了汲取超现实主义的美学手段。著名的策兰专家费尔斯坦纳认为它甚至不完全是策兰的产物，诗中多处借用了他在故乡布科维纳诗友的漂亮句子，甚至包括最著名的“死亡是来自德国的大师”。我无从考证他的论断是否有根据。但不管怎么说，这句诗也只有在《死亡赋格》里，才散发出它璀璨的光芒。在别处它是矿石，只有经过神奇的策兰之手，它才成为钻石。1952 年底，德国的出版商出版了策兰的《罂粟与回忆》，其中包括《死亡赋格》。该诗一经发表，其影响直接而广泛，震撼了战后精神贫瘠的德国文学界。这件作品在公共领域不停地发酵，它的公众意义逐步显现。一时间，《死亡赋格》被喻为战后欧洲的“格尔尼卡”(1937 年 4 月西班牙内战中，德国飞机轰炸了格尔尼卡镇，该事件激发毕加索创作出最负盛名的画作《格尔尼卡》)。某种意义上，《死亡赋格》

“成为历史代言人，它自身已经成为传记对象”（见费尔斯坦纳《保罗·策兰传》）。费尔斯坦纳称：“（他）写了一首抒情诗，其内容远远超出个人痛苦，成为‘奥斯维辛之后’这一诗歌类型的基准。”库切恳切地断称“《死亡赋格》是二十世纪标志性的诗歌之一”。它为诗人带来巨大的国际性声誉，同时也带来了对于策兰深深的误解。随后，策兰在西德广受欢迎并总是受到热情款待。

《死亡赋格》之所以广受大众关注，与其包含了极其广泛的历史与文化元素有重要关联。每一行诗都包含了对于集中营、对于那个悲惨时代的记忆，在音乐、文学和宗教的范畴内无不引起读者深深的不安。从直接可观察的角度，我们就看到了《圣经·创世纪》、歌德《浮士德》中“金发”女郎玛格丽特、《圣经·雅歌》中“灰发”少女书拉密、巴赫与瓦格纳的音乐结构、亨利希·海涅诗歌作品中的典故、为死亡伴奏的探戈……无处不在的隐喻把这首诗的张力推到前所未有的程度，“黑奶”作为一个极端的隐喻贯穿全诗，昭示犹太人悖论的存在……每个词语都散发出惊恐和控诉……变化多端的节奏、按时出现的副歌、反复演奏的主题把这首诗完全推到了与大师音乐相应的高度……如果不停地阅读它，悲哀与伤痛会不停地增殖，甚至几何级地繁衍。

一位德国批评家说《死亡赋格》的发表表明了策兰已

“逃出历史血腥的恐怖室，升入纯诗的太空”。这并非是来自死亡的赞歌，他并未逃脱，也未希望逃脱，它是必然的存在。策兰深感在历史的最深处，他被刻意地误释。他本能地反抗着这些说辞，纯诗对于他来说只是一个童话。关于诗歌技术方面，人们也总是说得很多，不吝溢美之词，说他的修辞和高度赋格组织技巧令人叹为观止，最主要的说法是该诗在形式上是对音乐（赋格）结构的模仿。对此，策兰同样报以保留姿态。他说他从事一门真实的艺术，“不美化或变得‘有诗意’的艺术；它指名，它断定，它试图测量既有和可能的区域”。

由于误解，后来策兰竟要求很多诗集不再选入《死亡赋格》。策兰并非要通过自己的犹太人悲惨经历来实现对自己的救赎。对于真正的诗人而言，希冀救赎就意味着对于内心真实的反叛，对于艺术和精神的否定。

后来，策兰用自己的声音朗读这首诗，并录制了录音带。他的一位朋友说，他怀着“冰冷的热情”，让我们心跳加快……事实上，在朗读其中一个段落时，策兰不顾一切地截去了一些词语，几乎是厉声喊出来的。

是的，《死亡赋格》就是策兰的荒野呼告，哀嚎和厉声是它应有的语调。悲怆永远站在真理和艺术之上。

策兰被誉为继里尔克之后最伟大的德语诗人，我们越是深入阅读荷尔德林、里尔克与策兰，我们就会越明了:他们在我们身体最深刻的地方不停发酵,像发生了不可逆转的化学反应,“我们会像吸纳一种恶习一样,把他们吸纳进我们自己”。(齐奥朗语)策兰的诗歌在某些时刻强化了我们孱弱的精神,弱化了我们本已柔弱或貌似坚强的内心,直到有一天他用艺术的手段表达出的个人记忆成为人类记忆不可摒弃的一部分。

《荒原》：一个时代的幻灭

T·S·艾略特

托马斯·斯特尔那斯·艾略特，一般简称为T·S·艾略特，是公认的二十世纪最伟大的英国诗人，现代主义诗歌的主将。但事实上，1888年，他出生在美国密苏里州的圣路易斯，直到1927年他才加入英国国教会，正式改入英国国籍。他明确无误地表达过自己的立场，认为自己是“文学上的古典主义者，政治上的保皇派，宗教上的英国国教高教会派”。这位从大洋彼岸跑到大英帝国的美国小伙子最后成为英国诗歌的代表人物。2009年，BBC举办一场面向公众的“全国喜爱的诗人”（不包括莎士比亚）投票评比，排名第一的就是艾略特，足见他在英国读者中广泛而深远的影响。这种情况在二十世纪二十年代是不可想象的，这位诗歌天才刚刚出道之时几乎像科学界的爱因斯坦一样无法获得大众的理解，他是高深与晦涩的代名词。

艾略特的先祖从十七世纪末离开英格兰西渡美国，他的家族与产生美国总统的亚当斯家族和海斯家族均有关联。艾略特的祖父毕业于哈佛大学神学院，他是唯一神教教派狂热的牧师，后来建立自己的教堂，参与创办三所学校和华盛顿大学，可以说艾略特家族也是美国的名门望族。艾略特的父亲是一位成功的商人，早年幻想成为一名艺术家。相对内向与保守的艾略特一直认为，他深深辜负了父亲对他的期望。母亲对艾略特关爱有加，是他生命中最重要的亲人。她也曾写过诗，总是抱怨没有上过大学，文学才华没有得到人们的承认，她身上有一种忧悒的失败感。她把这种挫折感转变为对儿子的巨大期望，所以当艾略特六十多岁功成名就之时，曾向一位朋友吐露说，他是多么希望母亲能同他一起分享成功的喜悦啊！

艾略特的童年在宗教气息、书籍和自由自在的玩耍中度过，他称自己是“一个自命不凡的小男孩”，别人的眼中，他是一个“沉静、聪明、内敛、调皮的孩子”，他腼腆羞涩，自己跟自己玩。他是个孤独而充满好奇的孩子，时时从细微事物的体察中获得美的感受。后来在他的诗歌和剧作中，他一次又一次地找回自己的童年，当然一次又一次地失落。童年的意象像大河一样在他生命中流淌，像大海一样充溢在他的记忆中，他甚至想写一本童年回忆录，书名就叫《河与海》。但这并未实施。晚年时，艾略特说，他一生只经历过两个幸福时期——童年时代和第二次婚姻。

在艾略特的青少年时期，有一个奇怪的问题一直让他自己无法作答。他到底属于哪一个地区或哪一种传统？他不认为自己是美国北方人，因为出生在南方；他又不是南方人，因为他的祖籍在北方。他干脆不承认自己是美国人，是一个"局外居民"。诗人埃兹拉·庞德几乎用同样的方式表达了他在美国的位置。他们最后都成为英国人！

1906 年，艾略特进入哈佛大学学习，有一张照片显示：他高高瘦瘦，衣冠楚楚，穿着软领衬衣，打着领结，上方口袋露出怀表链和一块手帕，这是典型的美国富家子弟的做派。在哈佛，他选修了多门自己感兴趣的课程，他热爱古典文化和哲学，接触过梵文和东方文化，也开始了诗歌和戏剧的创作。1910 年，艾略特到巴黎索邦大学学习哲学。

1914 年艾略特来到了伦敦，进入牛津大学学习。也就是在这一年，艾略特在朋友康拉德·艾肯的介绍下，第一次见到了埃兹拉·庞德。当时，他们都还只是年轻人，但这却是诗歌界两位巨人的首次碰面。稍作夸张地说，他们的相遇改变了世界诗歌的方向。

9 月 22 日，艾略特去庞德的公寓。在哈佛时，庞德就读过艾略特的几首诗歌，但没留下什么印象。美国老乡庞德已经在伦敦住了五年，他比艾略特大三岁，但已出版了五本诗集。这次会面被艾略特拖延了两个多月，这可以说明他是迫不得已硬着头皮去拜访一位比他成功的同龄人。艾略特后来含蓄地说，庞德让他想起了欧文·巴比特，后者有强烈的自信和夸夸其谈的做派。庞德则反唇相讥说，艾略特身上的美国气味相当糟糕——这可怜的家伙。这两位美国青年相互发现对方已被抛弃在身后的国家特征。他们的相似之处更多：都来自美国中西部，都靠自身的力量成长，都在寻觅权威的传统文化，都认识到自己在欧洲的价值存在。

庞德说："把你的诗给我看看吧！"艾略特随即照办。看完艾略特给他的诗作《普罗弗洛克的情歌》《一位夫人的画像》等诗歌后，他写信给艾略特说："这比我看过的其他好诗毫不逊色，你过来一下，我们可以讨论讨论。"之后，他把艾略特的诗歌推荐给芝加哥的《诗歌》杂志，他写信说艾略特"送来一些我从未看到过或已看到，但不是美国人写得这么好的诗……他实际上已经经历了自我训练而全靠自己实现了自己的现代化"。而同一天，艾略特则用冷淡的言辞写下了对庞德诗歌的看法，态度是有所保留。

从此，这个奇怪的诗歌二人组开始了奇特而长久的合作。一头冷如冰霜，一头热情似火；庞德热情外向、古怪灵活，艾略特则含蓄冷漠、颖脱讥讽。他们如此不同，但在诗歌创作和诗歌革命进程中相互促进，互为师友。在庞德眼中，艾略特是新收留的受保护者。新结识的朋友刘易斯说，他见到一个“考究的、高个子、迷人的洋鬼子……他骨子里透露出一副嘲讽者的模样”，说话带有“深沉的、一字一顿的拖腔”。

1915年标志着诗人人生新阶段的到来，他遇到了一名年轻姑娘，叫维芬·海格-伍德，并很快同她结婚。她愉快活泼，有强烈的自我意识，神经敏感，敏锐得几近残忍。维芬喜欢看戏和跳舞，有表达的才能，天生有智趣。这种敏感的性格使她变得忧虑、绝望，也为他们的婚姻埋下了悲剧的种子。某种意义上，他们都把对方搞得筋疲力尽，因为他们对每一件事都认真得可怕，但这种关系在很长一段时间还是相当紧密的。

1917年，艾略特托熟人进入了劳埃德银行工作，他后来打趣地说因为自己有个语言学家的假名声才被银行录用的。事实上，除去英语外，他确实还会法语和意大利语。在停顿一段时间之后，艾略特又开始写诗。也许在他看来，进入银行工作好像是为创作寻找合适的职业约束和保护，不然就不能心安理得地发挥自己的创造性天才。在此之前，他相当绝望，以为自己已经“彻底枯竭了”。

在银行，他为人友善，但不合群，他的同事回忆说他“有点谦卑，长着一双黑眼睛……面有菜色”，另一位同事的眼睛发现了一位诗人：他好像经常生活在梦境中，常会在口述信件时想起什么，然后突然中断，抓起一张纸飞快地写起来……

这位写出《荒原》的人是一位坐在办公桌前的人，是一位银行职员，除去穿着绝对得体之外，与其他职员相比再无什么不同之处了。他平时早晨九点半上班，下午五点半下班，会在贝克饭店吃午餐，有时也光顾落满灰尘的小酒馆，他完全是商业化的大英帝国庞大机器上的一颗螺丝钉。艾略特偏爱秩序，但对于混乱又极为敏感，这两者的冲突与高度平衡构成了他的生活和作品。

1920 年，战后英国的“繁荣”已消退，经济上一片混乱。此时的艾略特也是一副愁容，无精打采。正是在这种情况下，他开始了《荒原》的写作。据有关资料显示，艾略特应该是在该年年底开始此诗的写作，并一直延续到 1921 年。3 月间，他与弗吉尼亚·伍尔夫散步，伍尔夫说：“我们比不上济慈。”艾略特则接过话茬说：“不，我们比得上他。我们正在努力写出一些更艰难的东西。”当然，“更艰难的东西”也就是指他正在写作的这首长诗——《荒原》。5 月间，长诗尚在襁褓之中，他有些迟疑，继续乏味地收集材料，后来他读了乔伊斯《尤利西斯》的最后几章。他对乔伊斯说，对《尤利西斯》钦佩得五体投地。他认为《尤利西斯》是那个时代最为重要的作品，这激发了作家竞争的野心，使得艾略特暗下决心，一定要在诗歌领域写出同类的作品，也就是说他试图要在一个前所未有的规模上表达他以前试图表达的东西。同时,《尤利西斯》也启发了艾略特的创作。乔伊斯运用多声部手段、对多种风格的戏仿,无疑创造了一个崭新的艺术世界。《尤利西斯》包容了从荷马直至乔伊斯本人的整个文学传统。艾略特在《荒原》中,继续发展了"表现在对所有现存经验和一切可能发生经验的内容",他创造出类似于《尤利西斯》的某种文学秩序。这年夏天,他到现场听了斯特拉文斯基最重要的现代主义交响乐《春之祭》,演出结束后,他激动地站起身,高声喝彩。他又有新的领悟……现代主义的顶峰之作在小说(《尤利西斯》)、音乐(《春之祭》)和诗歌(《荒原》)中相继产生。

可是,生活并不顺利。母亲一行从美国来访,弄得艾略特夫妇疲惫不堪。8月,艾略特开始头痛,这可能是精神过度忧郁带来的症状。焦虑、烦躁、恐惧接踵而来,在妻子维芬的坚持下,他们在伦敦看了专科医生。医生毫不犹豫地诊断他为精神错乱,并亟需疗养,至少三个月。这更加剧了他的焦虑。他只好同银行负责人谈了自己的精神状况,该负责人同意给他三个月的假期,从1921年10月开始(他的职工登记卡上注明的原因即是"精神崩溃")。

艾略特夫妇去了海边及乡间别墅疗养,同时艾略特继续《荒原》的写作,他写了《荒原》的第三章《火诫》。有人说这段时间，艾略特与维芬的婚姻关系已处于破裂的边缘，《荒原》第二章《对弈》就是他们关系毁灭的记录。事实并非如此，在疗养期间，维芬不仅要帮艾略特处理其他杂事，还以他的名义给别人写信。艾略特乐于听到她对于自己正在创作的诗歌的意见。在此艰维时光，获得妻子的赞许对他而言是非常重要的。他们的婚姻生活并非一直充满着怀疑和反感，至少在当时是亲密甚至是合作的。11月，艾略特夫妇决定去洛桑接受心理治疗，有人给他介绍了一位出色的心理医生，其实是一位精神分析学家，此人受过弗洛伊德式的训练。医生多次与艾略特交谈，让他“脱离自我”，要求艾略特不断重复某些简单的任务，并做一些智力测试游戏。确实，这种治疗对艾略特颇有效果。在此期间，艾略特从拘谨的制约中获得了片刻的安宁，在一种恍惚的状态下写完了《荒原》的最后一部分。

1922年1月，《荒原》基本上完工了。艾略特途径巴黎，把手稿交给了庞德。24日，庞德就写信给回到伦敦的艾略特说，“恭喜你，小子，我简直妒忌得要死。”这首诗歌宏伟的规模也激发了庞德的创作热情，他继续严肃而认真地创作他的《诗章》。

庞德和艾略特就《荒原》的有关问题频繁通信，艾略特问是否把弗莱巴斯的那一节删去，是否该用《小老头》作全诗的序曲，是否该引用康拉德的话作为诗的引语（这样可使主题明朗化)。他得到的都是否定的回答。庞德认为艾略特没有把握、持怀疑态度、试图用其他素材进一步说明的地方,恰恰是根本用不着解释的地方。庞德倡导的意象主义写作原则正是冷峻、硬朗、简练,那些意象和节奏强烈的部分正是这首诗的主要力量所在。

《荒原》最初的呈现是戏剧化的、高度风格化的,而庞德在修改它时删去了大部分风格再现的部分,因而也破坏了原来诗歌戏剧化、小说化的发展趋势。从这个角度上说,庞德曲解了艾略特的天才。然而,庞德的听觉是超凡脱俗的,他发现了《荒原》中的潜在节奏,发现艾略特本人并不信任、常被细腻的戏剧化文笔掩盖住的音乐。庞德听到了来自诗歌内部的音乐,他删裁了认为毫无必要的附加材料。简而言之,庞德误解了艾略特原诗中的"模式",或者说他直接拒绝了这种模式,但结果却挽救了这首诗。

艾略特允许庞德对此诗作如此大的手术,本身就说明他不大合适担当这个角色。是啊,他在判断自己作品时总是显得有些犹豫、过于小心谨慎。当看完庞德的修改稿后,艾略特瞬间就领悟了庞德的用意,因为它更符合庞德对自己作品的要求:尖刻、简练、猛烈地抨击那个时代读者的偏见和陋俗。该诗的题献是"献给埃兹拉·庞德——最卓越的匠人",真是再恰当不过了。

1922年10月，艾略特在赞助人的支持下，编辑出版了《标准》文学杂志，并在第一期上发表了《荒原》。一个月后，《荒原》又在杂志《日晷》上发表。12月，美国出版了《荒原》的单行本，1923年伍尔夫的出版社也出版发行了《荒原》的单行本。

人们对《荒原》有多种阐释，与作者个人传奇相关、对于社会崩溃的描述、圣杯与精神再生的寓言、佛教徒的冥想、荒原中的救赎……当然还有本文值得怀疑的标题：一个时代的幻灭。诸如此类，不一而足。面对过度阐释，艾略特否认它是一代人的幻灭，否认它的社会批评指向，他说："对我而言，它仅仅是个人的、完全无足轻重的对生活不满的发泄；它通篇是有节奏的牢骚。"

1965年1月4日，艾略特溘然长逝。遵照他的意愿，他的骨灰被送到位于撒莫塞特郡的东库克村——那是他先祖诞生的地方——的教堂。这个戏剧性的终结也说明他的态度。他的墓碑上写着："请记住T·S·艾略特，一位诗人。"以及他的诗句："我的开始就是我的结束，我的结束就是我的开始。"

《伪币制造者》：关于小说的小说

安德烈·纪德

安德烈·纪德似乎离我们有点远，很多时候，我们意识不到他的存在。阅读他的作品，我们又心怀惭愧：我们如此麻木不仁，而把他作为献给缪斯女神的祭品。作为作家，他是如此勇敢，他在写作中无限地投入了自己——他从未想到要为自己保留点什么。萨特说："他为我们活过一生，我们只要读他的作品便能重活一次。纪德是个不可替代的榜样，因为他选择了变成他自身的真理。"安德烈·纪德对于自由和真诚绝不带半点妥协的绝对追求，对于一切因循守旧的规范进行猛烈的批判，对家庭、道德、社会、宗教的束缚彻底摒弃，使他成为法国文学界"真正的教皇"。

纪德在中国的第一个知音应该是张若名女士。二十世纪二十年代，参加过新文化运动的年轻知识女性张若名与周恩来等人前往法国勤工俭学，1927 年，她进入法国里昂大学攻读博士学位。她被安德烈·纪德作品中闪烁的纯洁、诚挚、自然与优雅深深吸引，他成为她的英雄，她所作的博士论文就叫《纪德的态度》。在论文中，张若名从纪德的个性中寻找出三个要素：道德、神秘和艺术，这三者在他的身上获得了连续不断的发展，而且均臻于尽善尽美之境。她在作家的心灵中探幽发微，她认为纪德的艺术表达了艺术家本身与外部世界的统一，“他克制自我，从而认识到他在现实中的永恒”。

1930年12月，张若名《纪德的态度》以最优成绩通过博士论文答辩。随后，她把论文寄给作家本人。纪德从非洲旅行归来，认真阅读了她的文章，立即给她回信说：因她如此深刻的理解而深感惊诧。当时，法国文坛有多篇评论对他大肆挞伐，说昔日的天才纪德，今日已江郎才尽。因此纪德的感激之情溢于言表，他在信中动情地说：“在彻底拜读你的大作后，使我似乎又重新意识到自我的存在，尤其你的第五章《纪德的自恋》特别令我鼓舞，我从未想过我会如此被了解。”“您无法想象，您出色的工作给我带来了多么大的鼓舞和慰藉。通过您的大作，我似乎获得了新生。多亏了您，我又重新意识到自己的存在。我确信自己从来没有被别人这样透彻理解过。”

1869年，安德烈·纪德生于一个清教徒之家，接受的是新教教育，最早捧读的书是福音书。但同时，他也深受天主教影响。父亲保尔·纪德是巴黎大学法学院教授，死于1880年，其时纪德仅11岁。此后，纪德便由其母亲接到外祖父家，以清教徒的教育方法严格管束，造成了他内向而叛逆的性格。此时的纪德体弱多病且多愁善感，在遍读外祖父家无数藏书之余，或许是为了寻找情感寄托，他喜欢上了舅父家的表姐并向其表达爱意，却遭到对方拒绝。在其自传《假如种子不死》中，我们可以看到他“不正常”的童年，以及这种成长是如何造就一个叫“纪德”的作家的。他说：“我应该勇于坦率地承认，正是我离群索居、郁郁寡欢的童年造成了今天的我。”在书中，安德烈·纪德以蔑视的态度描写充斥着手淫、乖戾和攻击性的童年，事实上，我们也在书中看到了一个好奇顽皮、任性嬉戏的阳光少年。破除作家自我虚幻的神话，纪德也是一个“正常”的孩子，他异乎寻常的气质，并非天生，而是后天形成的。萨特说过，纪德是一种生成，即一个过程。

青少年时代的纪德腼腆寡言，也曾一度出入马拉美的星期二聚会，并得以结识卢维、瓦雷里、克洛代尔等人。从处女作《安德烈·瓦尔特的日记》(1891)开始，纪德使用了象征派的华丽语言开始了他的写作生涯。

1893年，纪德开始游历北非，后来又到过德国、意大利、土耳其、希腊等国家，并在阿尔及利亚结识了王尔德，他因此而受启发的自我意识似乎于此找到了突破口，他打破道德的禁忌——在自我肉体之外寻求灵与肉的刺激与交融。阿尔及利亚的生活使他发生根本性的转变，回国后他出版了他的一部重要作品——《人间食粮》(1879)，作品歌颂肉欲而非肉欲的充分满足。

1902年，他的小说《背德者》出版，标志着他在文体与思想上双重成熟，小说倡导崇尚个人、反抗道德的“背德主义”，确立了纪德在法国文学界和思想界的地位，甚至引领了法国第一次小说革命。此后《窄门》《梵蒂冈地窖》等作品也陆续问世。可以说，“纪德”品牌逐渐形成了。

博尔赫斯概括说：“他更主张挣脱一切道德准则，宣扬感官的享受、意义多变的‘不受约束’以及随心所欲、无理性的任意行为，被人指责用这些理论唆使青年堕落。”

1909年，他与朋友一起创办了著名的文学期刊《新法兰西》。在巴黎左岸创办莎士比亚书店的西尔维亚·毕奇小姐，与纪德是好朋友。在她的回忆录中，纪德是书店常客，风趣而率真。他第一个订购乔伊斯的《尤利西斯》，却又对其评价不高。他给朋友们弹奏肖邦，捉弄门房和小孩……

无论怎么说，纪德都是法国二十世纪上半叶最为闻名遐迩的作家，1947年，他“以无所畏惧的对真理的爱，以敏锐的心理洞察力，呈现了人性的种种问题与处境”而获得了诺贝尔文学奖。

1951年2月19日，安德烈·纪德在巴黎的寓所里溘然长逝，枕畔放着一本他生前须臾不离的《维吉尔诗选》。对于纪德的逝世，作家莫里亚克说：“纪德在世一天，法国便还有一种文学生活，一种思想交流的生活，一种始终坦率的争论……而他的死结束了最能激励心智的时代。”

安德烈·马尔罗曾说，纪德是我们同代人中最重要的人物。博尔赫斯则把他与歌德相提并论：“纪德也像歌德那样，并不只存在于一本书中，而是存在于所有的著作的总和及相互对照之中。他最有名的小说便是《伪币制造者》，那是一部令人称奇的作品……”

《伪币制造者》如何令人称奇呢？

纪德在《伪币制造者日记》(1926)中说：这将是我写的唯一一部(长篇)小说和最后一本书。这部小说的写作计划于1914年开始酝酿，当时，纪德在《梵蒂冈地窖》出版时写下如下按语：“准备写作《伪币制造者》(小说)。”第一次世界大战的来临，1916年他的宗教信仰发生危机，因为自己的同性恋倾向与妻子产生不和，这些都使得写作此书的工作中断了下来。纪德在1919年6月就写出了该小说的提纲，1921年10月3日正式开始撰写，于1925年6月8日完成。期间他还进行了多次旅行，同时做了一些翻译工作。

该小说的取材，源于两则社会新闻。一是当时的《费加罗报》所报道的伪币案，二是一则关于一个高中生在上课时开枪自杀身亡的消息。当然，更多的灵感来自作者自身的生活。《日记》《假如种子不死》等作者收集或经历的轶事，都进入了小说之中。阿莱格雷牧师家庭是浮台尔家庭的原型；牧师的儿子即纪德的同性恋男友马克是俄里维的原型；巴萨房伯爵是法国作家科克托的漫画像；莎弗洛尼斯加的原型是索科尔尼茨卡大夫；拉贝鲁斯原型是纪德的钢琴教师拉贝鲁斯。

简单地说，故事讲述主人公伯纳德独自在家发现了母亲年轻时的情书。据此他以为自己并非大法官父亲的亲生儿子，于是他决定离家出走，投奔好友奥利维尔。奥利维尔的舅舅爱德华是一位小说家，正在写一部叫做《伪币制造者》的小说。之后伯纳德成了他的秘书，随其去某地度假。在那里爱德华重逢旧情人，却惊觉奥利维尔的哥哥文桑是引诱萝拉婚后出轨的人。少年伯纳德向萝拉求爱，却被拒绝。度假地又来了一对情侣，小波利和勃洛霞。奥利维尔羡慕伯纳德与爱德华合作默契而自己却不能参与，失望之下醉酒后选择自杀。拉贝鲁斯老人是爱德华的老师，如今生活却很潦倒，且思想已穷途末路，而他最大的苦痛是不能与儿子的私生子小波利相认。所有散落的少年最后都在浮台尔学校读书。无政府主义者斯托洛维鲁及表弟日里大尼索拉拢这些中学生出身的年轻人，教唆他们去贩卖伪币。其目的不是为了发财，而是“使国民间发生互相的联系”。奥利维尔的弟弟乔治和上议院议员的儿子费非是日里大尼索的忠实拥趸，唯有小波利不合群。三人在日里大尼索的操纵下，与小波利玩了一个残酷的游戏……小波利随着枪声倒地……

在《伪币制造者》中重要的线索和人物不下数十个，如果这些线索得到充分的展开，这将是一本厚厚的全景式的长篇巨著。这些人物都是一种可能，并倾向于“无限的取向”。纪德却把它们限制在一定的范围内，它们的生长节制而又节约，以有限的篇幅博取无限的想象空间，这是一部小规模的“宏伟史诗”。

作品极其夸张的显性结构便是“小说套小说”，这既拓展了作者的写作空间，又巧妙地寓言小说的“虚构性”，它还造成了极其强烈的离间效果。

纪德称这种文学手段为“纹心”，即如同在一个纹章的中心设置一个与纹章的形状、图像、花色完全相同的微型纹章，这种手法其实就是文学创作中的“戏中戏”。小说中的人物爱德华也在写一本名为《伪币制造者》的小说，他的日记中所记叙的种种事情是他为小说所搜集的素材，而日记中所写的关于文学造作的札记，则是他要在小说中贯彻的理论与意图，而爱德华正是小说家纪德的一个镜像。结合纪德的生活经历和日记，显而易见爱德华具有作家纪德的许多特点，如同性恋、对家庭的谴责、宣扬个人主义、对真诚的喜爱，喜欢写日记并用日记来充实自己的写作等。

爱德华理想中的小说是这样的：不离开现实，同时又不是现实;是特殊的,同时又是普遍的;很近人情,实际却是虚拟的。爱德华要把《伪币制造者》写成“一本相当奇特的书”,他说:“一本这样的书,根本就不可能有所谓的计划,如果事前我有任何决定的话,一切将显得非常做作。我等着按现实给我的吩咐去做。”按照他的设想,该书的写作不遵循什么结构和纲要,小说也没有任何剪裁:“我要把一切放在这本小说里,决不在材料上任意加以剪裁。”他说,该书没有什么主题,但是另一方面,爱德华又悄然透露:“这书的主题,如果你们一定要有一个主题的话,那就是小说家如何把眼前的现实用作他小说中的资料时所进行的一种挣扎。”表面上看来,《伪币制造者》是任性而自由的,线索杂沓纷呈,似乎也无主次之分,也没有明显的焊接痕迹……看起来,它并非由“一个掌控全局的上帝”来驾驭的……爱德华宣称“取消小说中一切不特殊属于小说的元素”。对于纪德而言,文学表现形式意味着解决他自己心灵问题的道路,这一道路的不断演变与发展,形式与技巧的革新成为他写作中的主要要素。通过爱德华,安德烈·纪德有意识地把小说提升为一种艺术——一种复杂的,开放式的,可生长的艺术。

《铁皮鼓》：敲醒那些真相健忘者

君特·格拉斯

君特·格拉斯在文学领域和艺术领域都涉猎甚丰。他是大名鼎鼎的小说家,也是一位诗人、散文家、剧作家,还是雕塑家和画家。令人困惑的是他能在艺术上和商业上获得双重成功,这在伟大作家中很少有人能两者兼顾。《铁皮鼓》足以使他跻身二十世纪最伟大的小说家之列。我甚至以为,在二十世纪下半叶,几乎无法找到一部长篇小说可以与《铁皮鼓》相提并论。格拉斯不能算是伟大小说样式的开拓者,他不属于小说文体的革命家,但是他的写作却彰显了人类道德的伟大力量,他敏感而肆意的笔触深入了民族心灵深处最为幽暗的激流,他是毋庸置疑的小说大师。

《铁皮鼓》综合运用了现实主义、超现实主义、寓言的手法,以厚重细密的质感表现了德国最为黑暗的年代和德意志民族的心灵变迁,也是对于人类自身的反省和警示。小说家库切以为,《铁皮鼓》宣布了魔幻现实主义在欧洲的登场。

1927 年,格拉斯出生于波罗的海海边的但泽市,现在称为格但斯克。这个港口城市一直是德意志和波兰两大民族之间反复争夺的焦点。它是波兰最理想的出海口,同时也是联结东普鲁士地区和德国大部分领土的咽喉要地。因此波德两国均将该市视为自己的生命线。在两次世界大战之间，这里变成一个在国际联盟保护下的半独立的自由市。格拉斯的父亲是德意志人，母亲是属于西斯拉夫的卡舒布人。当他还是孩子的时候，他就喜欢在嘈杂的环境中阅读，他喜欢写作和绘画。他自称自己个撒谎大王，他会在家人和朋友面前编织各式各样的谎言，并且说得天花乱坠。小时候起，格拉斯就坚持把各种谎言（虚构故事）写下来，这是他一辈子干的活，这是他作为小说家不可更改的命运。少年时期，他参加过党卫军，这是他人生中最为黑暗的一章。2006 年，78 岁的格拉斯出版了自传体小说《剥洋葱》，他在书中承认自己曾是党卫队队员的历史。此书出版后，引起了德国社会一片哀婉和批评之声。德国媒体纷纷对此“耻辱”展开大规模的批评和谴责。作家乔达诺力挺格拉斯：“我并没有因为格拉斯的这一坦白而在道德权威方面失去了对他的信任。”萨尔曼·拉什迪认为：“格拉斯代表着一种超凡的力量，他不会由于这么一个错误而被扳倒。”库切诚挚地表达了他对于格拉斯的钦佩：“格拉斯是德国文学的祭酒、德国公共生活中的民主价值的最稳固实践者和最持久的楷模。”

17 岁时，格拉斯被征入伍，成为坦克射手，旋即成为美军的俘虏，他从战俘营获释出来后，但泽已划归波兰，他成为一个无家可归的人。他做过农业工人、矿工、石匠学徒，在杜塞尔多夫和柏林学习雕塑和版画。

1955年至1967年期间，格拉斯积极参加“四七社”的活动，这是一个非官方但影响巨大的德国作家与文艺批评家协会，因其在1947年9月初次聚会而得名。会员包括海因里希·伯尔等一大批活跃的德语作家，他们创造了一种生机勃勃的语言，以对抗繁复冗长、辞藻华丽的纳粹时期宣传文学的文体。

1956年，格拉斯和太太安娜迁居巴黎，在那段艰苦的岁月里，他开始了《铁皮鼓》的写作。在此之前，奥斯卡的形象就慢慢在他的脑中孕育、成长。1952年春夏季节，格拉斯搭便车漫游法国。那时，他在包装纸上作画以维持生计，同时不停地进行创作，他模仿他人写了许多诗歌，还写了一首显露才华的长诗，诗中，奥斯卡·马策拉特(在他取得这个名字之前)是以圆柱圣人的身份出现了。同年，在一个偶然的机会，格拉斯在众多喝咖啡的大人中间，发现一个3岁的小男孩。小孩胸前挂着铁皮鼓。这引起他的注意，一直保留在他记忆之中的是：那个3岁的小孩对他的玩具流露出专注忘我的神情，他毫不理睬边喝咖啡边聊天的大人们，好像大人世界不存在似的。哦，这便是奥斯卡的最初形象。

格拉斯写下了第一句话：“供词：本人系疗养与护理院的居住者。我的护理员在观察我，他几乎每时每刻都监视着我；因为门上有个窥视孔，我的护理员的眼睛是那种棕色的，它不可能看透蓝眼睛的我。”自第一句话写出来之后，在巴黎地下室中，面对淌水的墙壁，他开始源源不断地写下去。从早到晚，一页接着一页。词语和形象蜂拥而至，熙熙攘攘，成千上万的词语携带着鲜明的气息让人闻到、尝到、听到和见到。格拉斯还在巴黎十三区的咖啡馆以及有供暖的房间里一章接着一章地写下去。在写作《铁皮鼓》的同时，格拉斯与他的好友、诗人保罗·策兰经常碰头，他了解后者的精神状况，他在写作《铁皮鼓》的时候，策兰由于受“高尔事件”影响，创作停顿。在这期间，格拉斯的双胞胎儿子也降临人世，他和安娜冷不丁地就成为父母。两个孩子的哭闹和墙上的淌水也常使格拉斯的写作陷入停顿之中，他回忆道：“我的工作室散发着一股潮湿墙壁的霉味，闻起来却感到亲切。渗出水珠的四壁反而使我的想象恰似河水一样流淌。房间里的潮湿兴许促使奥斯卡·马策拉特多了一点幽默感。”……即便敏感苦恼的策兰需要他人来安慰，但他明白格拉斯在做一件更重要的事，他使劲地给格拉斯打气。

《铁皮鼓》是一部巨著，翻译成中文也达 48 万字，需要耗费作家大量的脑力和体力。面对长篇小说的写作，作家本人必须有强烈的创作欲望和不懈的动力源泉，格拉斯谈到动力问题时说：“最可靠的动力也许是我的小资产阶级出身吧，这个臭气烘烘的、由于中学学业中止——我只上到九年制中学的五年级——而愈加过分的自大狂，总想拿出一些不可忽视的东西。”格拉斯的写作进展顺利，“不可忽视的东西”近在咫尺。

1958年春天，格拉斯回到故乡格但斯克，他寻访二战前的遗迹：发泡的汽水粉，耶稣受难日的喧闹，拍打地毯的拍子，送汇款单的邮递员的逃亡之路，他经历了波兰邮局周围发生的战斗，少年格拉斯上学放学走过的路，图书馆里保存的报纸合订本……这些为《铁皮鼓》的继续创作带来了切实可用的素材。

小说共分三篇四十六章。第一篇，地点但泽，时间从1899年到1939年，以希特勒上台后纳粹势力在但泽的抬头为大背景。第二篇，地点但泽，时间从1939年到1946年，背景是二战间主要的军事行动，纳粹实施的安乐死计划，集中屠杀犹太人，青年军官刺杀希特勒事件，反抗运动等。第三篇，地点杜塞尔多夫，时间从1946年到1954年，大背景是二战后物质匮乏时期，当时的黑市交易，以及德国的经济复苏。

小说的主人公是一个叫奥斯卡·马策拉特的侏儒。这个奥斯卡既是一个狂热的叙述者，也一个冷眼旁观的观察家。他以第一人称和第三人称交叉出现。3岁的奥斯卡无意中发现母亲和表舅布朗斯基偷情，纳粹的势力日益猖獗,便决定不再长个儿。他说:"从我3岁生日那天起,我连一指宽的高度都不再长,保持3岁孩子的心态……敲击儿童玩的铁皮鼓,使我同成年人之间保持一段必要的距离。我的嗓子可以保持在非常高的音域上,我的声音好似一颗纯净的、因而又是无情的钻石,能割破玻璃窗、橱窗里的玻璃酒杯。"

在奥斯卡的视角里,社会和周围的人都是怪异和疯狂的。在他那充满狂暴与嘲弄、戏谑与闹剧般的叙事中,我们应该看到这出荒诞剧背后深沉的悲恸和哀愁。正如奥斯卡所言:"这个世纪日后总会被人称作无泪的世纪,尽管处处有如此多的苦痛。"作为客观冷静的旁观者,奥斯卡看到了一幕幕不可理喻的活剧、人类愚蠢的战争与世事无常的变迁。他整天敲打着铁皮鼓,以发泄对畸形的社会和人世间的愤慨。尽管他个子不高,但智力超常,聪明过人。邻居女孩玛丽亚来照顾他,两个人发生了性爱,怀孕后她却嫁给了父亲,生下了库尔特。奥斯卡随侏儒杂技团赴前线慰问德军,三年后回到家中,苏军攻占了柏林,父亲吞下纳粹党徽身亡。埋葬父亲时奥斯卡丢掉了铁皮鼓,同时亲生儿子库尔特用石子击中了他的后脑勺,使他倒在坟坑中,流血不止;不过他就此开始长个儿,尖叫使玻璃破碎的特异功能也随之消失……

作为小说人物,奥斯卡身上流淌着撒旦的血液,尽管他热爱圣母玛利亚，他渴望成为耶稣（结果当然是未遂）。他早早加入纳粹党，先戴党帽，又穿上褐衫，一步一步，又穿上党裤，脚登皮靴，以一身标准的纳粹装束参加纳粹集会，敲鼓迎合纳粹的宣传。奥斯卡的一生就是由拙劣和喧嚣串联起来的恶作剧，既荒诞不经，又令人深思。根深蒂固的伪善和日甚一日的堕落构成了他主要的生活世界。他的生活中充满了创伤和虚空，他只有通过百无忌惮的嘲弄才显示出自己无奈又卑微的存在。他的揶揄是超现实的，最终他试图忏悔，但是不知自省的世界却认为他不过是个疯子。

1958 年 10 月，“四七社”聚会，格拉斯 31 岁，他朗诵了《铁皮鼓》的第一章《肥大的裙子》，获得异乎寻常的成功：丰富的想象力、生动清新的叙事打动了在场的所有人，他们可都是作家和批评家，他们一致决定授予格拉斯“四七社”奖，奖金是三千马克。

1959 年，《铁皮鼓》正式出版，法兰克福书展上，它被摆放在显耀的位置上。对于格拉斯而言，这是一个盛大的时刻。他在《我的世纪》中特地选中了这一天来回忆 1959 年。在书展大厅，格拉斯和他的太太安娜欢快地翩翩起舞，他们一边跳舞，一边寻找对方，“找到对方，伴着一支与我们年轻时代的韵律相符的曲子，迪克西兰爵士乐，似乎我们只有跳舞才能逃避这种闹哄哄的场面，逃避书的洪水，逃避所有这些重要的人物”。人群高喊“奥斯卡”“奥斯卡在跳舞”……整个法兰克福书展，就是两个作家的胜利，一个是海因里希·伯尔，另一个是君特·格拉斯，他们也先后摘取了诺贝尔文学奖的桂冠。

1980年，根据小说改编的同名电影《铁皮鼓》也大获成功，并获得了奥斯卡最佳外语片奖。格拉斯对电影相当满意：“施隆多夫导了一部好电影。总体上说，特别是在扮演奥斯卡的那个小演员的帮助下，我认为这是一部好电影。”

在《铁皮鼓》之后，格拉斯又创作了小说《猫与鼠》和《狗年月》，它们都是以但泽为背景的小说，也被称为“但泽三部曲”。我们明白，作家试图为自己保留一块最终失去的乡土，“一块由于政治、历史原因而失去的乡土”。

即便我们合上《铁皮鼓》，铁皮鼓的回响仍不绝于耳……

《麦田里的守望者》:无能的反抗

杰罗姆·大卫·塞林格

1980年12月8日晚上10点49分,一代人的精神偶像、"披头士"乐队的灵魂人物约翰·列侬在纽约自己的寓所前被他的歌迷马克·大卫·查普曼枪杀。查普曼说,我刺杀列侬,是受到《麦田里的守望者》启发,随后查普曼带着一本《麦田里的守望者》入狱。另一种传说是,记者探监时曾听到他喃喃自语:"我是麦田里的守望者。"他认为他杀的并不是偶像列侬,而是杂志封面人物。这种想法正是《麦田里的守望者》主人公霍尔顿的思维。

《麦田里的守望者》的魔力可见一斑。毫无疑问,《麦田里的守望者》是美国二战以来最具影响力的一本书。1951年,该书一经问世,便风靡全美,受到成千上万青少年的狂热阅读和追捧。一时间,大学中学校园里出现了数不清的"霍尔顿"——他们在大冬天身着风衣,倒戴着红色鸭舌帽,说话的时候不时地冒出"他妈的""混账"等不雅词汇。最初,有家长提出严重抗议,视此书为"洪水猛兽",主人公不认真读书,不遵守社会规则,还抽烟酗酒泡女生,更有人认为此书内容"猥亵""渎神",要求学校查禁此书,也有中学图书馆真的把它列为禁书。但是,经过时间的洗礼,《麦田里的守望者》已成为美国大学和中学的必读课外书之一或教材,成为战后美国一代人的“圣经”。《纽约时报》的书评写道:在美国,阅读《麦田里的守望者》就像毕业要获得导师的首肯一样重要。

时隔二十年,再次翻阅《麦田里的守望者》,我就思忖:16 岁的霍尔顿是不是成为一名“虚伪”的成功人士了呢?他是否与芸芸众生一般融入伪善、丑陋而又圆滑的成人世界了呢?他是否还愤世嫉俗呢?答案在风中,谁也不知道。

作者杰罗姆·大卫·塞林格生于 1919 年 1 月 1 日,当我第一次阅读《麦田里的守望者》时,他还像神一样地健在,这让我感到吃惊,就如同亲自见证了一场奇迹一般。他出身于纽约的一个犹太富商家庭,在曼哈顿上西区的公共学校里,他的成绩大多是 B,算术还算勉强。他的智商测试平均数值只有 104,说明他不是一个超越常人智慧的少年,他的行为举止有时候很糟糕。小时候,他是一个严肃认真而又有礼貌的小孩,但对人并不热情,他喜欢一个人走很长的路,他没有兄弟,只有一个姐姐——多丽丝,比他大八岁。据一个在少年时代就认识塞林格的朋友回忆,“他想做一些不符合传统的东西。他的家人不知道他那么长时间跑到哪去,或者在干嘛,他只是在吃饭的时候出现一下。他是个很好的男孩，但他也是那种不会加入你们纸牌游戏的小孩。”他多多少少像他的主人公霍尔顿。

15 岁时，他进入宾夕法尼亚州的一所军事学校，显然，这所学校就是《麦田里的守望者》中那所精神病院般的潘西预科学校的原型。塞林格曾说，西摩（塞林格作品《西摩小传》的主人公）和霍尔顿的原型是他一个死去的学校朋友……唉，记者大人们和塞林格爱好者们对于作品原型的找寻就从未停息过。作者至少有两个同学英年早逝，其中一个是个聪明绝顶的男孩。但是不间断的探寻工作表明，塞林格，就像一个成天发明自己哥哥姐姐的孤独小孩一样，将他生命中遭遇过的大多数人都写进了小说中。在这所学校里，夜深人静的时候，塞林格开始了他的第一篇小说的写作。为了不让学校值班的军官看到台灯的亮光，塞林格用一块毯子把自己和台灯罩起来，偷偷进行创作。

1937 年，塞林格在纽约大学度过了几十天无聊而苍白的日子之后，被做火腿进口生意的父亲送到波兰学做火腿。“我准备到波兰的火腿生意圈当个学徒，”塞林格在 1944 年的《短篇小说》杂志中如此写道，“他们最终把我拉到比得哥什待几个月，在那里我杀猪，跟杀猪人一起坐着篷车冒着雪到一个地方去。回到美国，试着上大学，但上了半个学期就跟个没能耐的人一样退学了。”

塞林格最后一次关于写作的学院教育来自哥伦比亚大学，他在该校上了一个短篇小说课程，其导师是《短篇小说》杂志的编辑。

二战开始后，塞林格中断了写作，1942 年从军，1944 年，他被派驻英格兰德文郡的蒂弗顿，在第四步兵师的小型反间谍分遣队接受训练。6 月 6 日，在第一突击队袭击犹他滩之后，塞林格与第四步兵师一同登陆诺曼底，在楔入战役中与步兵师一同渡过难关。他是一个高傲、离群的士兵，他的工作颇有成效：在工作中，他通过访问法国平民和德国俘虏发现盖世太保间谍。他开着吉普车的时候也带着一台打字机，他的一名战友回忆说，在他所处的那个区域遭遇袭击的时候，他还蜷在桌子下面飞快地打字。在法国，塞林格中士有了一个读者，那就是当时的战地记者、作家海明威，据说他读过塞林格的小说，还不无夸张地说：“老天啊，他真是个顶呱呱的天才啊！”哦，这也许仅仅是个美丽的传说。

1946 年，塞林格回到纽约，专事创作，他不仅甩掉了兵役，也摆脱了与一位欧洲女医生的草率而失败的婚姻。1951 年，《麦田里的守望者》出版，大获成功。

此后，塞林格在新罕布什尔州乡间买下了九十英亩土地，在山顶上建了一座小屋，开启他长达半个多世纪谜一样的隐逸作家生涯。新闻是这样报道的：在阳光照耀的树林旁边，这个高大男人面容憔悴，脸色苍白。最初，他第一次来到新罕布什尔州的康沃尔，还是个友好、健谈的人。如今，他开着吉普车到城镇去，为了能买上食物和报纸，他会说上几句话，除此之外便沉默不语。事实上，外面那些想接近他的人，最终都只能给他递纸条和写信，而且通常是收不到回复的。只有他的一小部分朋友去过他那个山顶的房子。他的工作习惯还没有改变，他总是打包午饭到他的水泥砖小单间里，从早上 8:30 工作到下午 5:30。他可以打电话回去。事实上，他的一个亲戚说："就算房子烧了他也不会打回去的。"他不工作的时候，就高高兴兴地看电影，看得比谁都起劲。他沉浸在自己的世界里。《西摩小传》里，他小说中的人物说："我的老读者们寄来的'祝早日康复'的短笺，他们不知从哪里得到的小道消息说我一年有六个月待在一个佛门寺院里，另外六个月待在精神病院里。"这也或多或少地传递了他的信息。

他的邻居夫妇实在忍不住，就爬上栅栏，一窥作家的生活：他们看见，在丛生的桦树背后，有一所新英格兰式平房，它被涂成了大红色，还有一个不大的蔬菜园。离房子有 100 码，隔着一条小溪的地方，有一个混凝土建造的带天窗的小单间。小单间里有壁炉，还有一张长形桌，桌上有打字机、书和档案柜。这个脸色苍白的男人常常坐在这里，有时他写得很快，其他时候，他则用几个小时把自己的记录扔进壁炉里，然后又写下一长串的单词，直到找到合适的那一个。这位作家，就是杰罗姆·大卫·塞林格。

除了《麦田里的守望者》，塞林格还出版过小说集《九故事》《弗兰妮与祖伊》及《木匠，把屋脊升高；西摩小传》，仅此而已。他是稀有动物，属于那些极少量作家家族中的一员。在《麦田里的守望者》里用霍尔顿的口吻提到过一篇让他着迷的名叫《秘密金鱼》的故事：一个小孩有一条金鱼，但他不愿给任何人看，因为这条鱼是他自己的。他有点极端：作品是他极其私人的东西，压根不想给人看。

《麦田里的守望者》是一本怎样的小说呢？

小说的主人公是16岁的中学生霍尔顿，以第一人称讲述自己被学校开除后在纽约游荡将近两昼夜的身心历程。霍尔顿是小说史上最为出彩的反英雄之一，也许只有《尤利西斯》中的布鲁姆可与之相提并论。可以说，霍尔顿是人类二十世纪最为著名的“愤青”标本。他出身于中产阶级家庭，比常人高一头，整日穿着风衣，戴着鸭舌帽，游游荡荡。他对学校里的一切——老师、同学、功课、球赛等等，全都腻烦透了，曾是学校击剑队队长，三次被学校开除。他清醒地认识到：老师和家长强迫他读书只是为了“出人头地，以便将来可以买辆混账凯迪拉克”，这不过是一笔肮脏的交易而已。学校里“一天到晚干的，就是谈女人、酒和性；再说人人还在搞下流的小集团……”这样龌龊的生存环境构成了他的生活。他发现他一直敬仰的那位老师可能是同性恋，还恬不知耻地谆谆教导他：“一个不成熟男子的标志是他愿意为某种事业英勇地死去，一个成熟男子的标志是他愿意为某种事业卑贱地活着。”一副彻头彻尾的功利主义嘴脸！

又一个学期结束了，他因四门功课不及格被校方开除。他丝毫不感到难受。在和同房间的同学打了一架后，他深夜离开学校，回到纽约，但他不敢贸然回家。他很高兴能离开学校，离开他那肮脏的生活环境。当天深夜住进了一家小旅馆。他在旅馆里看到的都是些不三不四的人，他们寻欢作乐，忸怩作态，使霍尔顿感到恶心和惊讶。他无聊之极，便去夜总会厮混了一阵，酗酒，叫了一个妓女……

第二天是，霍尔顿上街游荡……和女友萨丽去看了场戏，又去溜冰。萨丽假情假义矫揉造作，霍尔顿感到恶心，两人吵了一场，分了手。他和一个老同学一起喝酒，喝得酩酊大醉。他走进厕所，把头伸进盥洗盆里用冷水浸了一阵,才清醒过来。可是走出酒吧后,被冷风一吹,他的头发都结了冰。他想到自己也许会因此患肺炎死去,永远见不着妹妹菲比了,决定冒险回家和她诀别。妹妹菲比是他心中最后的绿洲。霍尔顿偷偷回到家里,幸好父母都出去玩了。他对妹妹敞开心扉,他说,他将来要当一名"麦田里的守望者":

> "我将来要当一名麦田里的守望者。有那么一群孩子在一大块麦田里玩。几千几万的小孩子,附近没有一个大人,我是说——除了我。我呢。就在那混账的悬崖边。我的职务就是在那守望。要是有哪个孩子往悬崖边来,我就把他捉住——我是说孩子们都是在狂奔,也不知道自己是在往哪儿跑。我得从什么地方出来,把他们捉住。我整天就干这样的事,我只想做个麦田里的守望者。"

这是书名的由来,也是冷冰冰物质文明时代里最后的抒情。

在物质日益繁盛的时代,人们迷失了自我,泯灭了自我,向着"非人"的异化状态沦落,人类的精神状况日趋鄙俗、功利、浅薄。在社会异化和急遽堕落的时代关口,霍尔顿出于天生善良淳朴的本性，奋起反抗，但又落入无限的深渊之中。我以为，他梦想做个麦田里的守望者，这只能是一个梦想，一个诗人的情怀，他的努力只是无能的反抗。但愿霍尔顿一梦不醒，永不长大。

《情人》:不可模仿的文学传奇

玛格丽特·杜拉斯

《情人》“灾难般”的成功使玛格丽特·杜拉斯几乎在一夜之间饮誉全球，成为成千上万文艺青年的文学偶像，他们谈论她、模仿她。数不清的文艺女青年奋不顾身，要像杜拉斯那样生活，她们肆无忌惮地要得到爱情、满足欲望、抽烟酗酒，更重要的是获得声誉……根本上讲，作家的生活是无法被模仿的。这么多年过去了，杜拉斯依然是杜拉斯，而不会出现杜拉斯二世或者三世。

《情人》的出现也迫使一贯轻视杜拉斯的专业读者重新审视杜拉斯。

杜拉斯的生活与写作是一种互文，也是相互混淆的。对她而言，写作是对生活的肯定，写作也是对生活的否定；生活认可作品，作品承认生活。回忆的片段和欲望的火焰，具有双重性，既属于生活，也属于写作。她说：“我无时无刻不在写，我每时每刻在写，即使在睡梦中。”从旁观者的角度看，所有生活和写作表明：杜拉斯走到了自己的尽头，已经用书籍取代了自己的存在。

关于她的生活——这些有据可查的生活，不外乎生卒、在印度支那的生活、参加抵抗组织、结婚生子、与若干个情人之间的风流韵事以及她各个时期的工作：导演及作家要做的事。

1914年，她生于印度支那嘉定（即越南西贡），她的童年是一个由水包围的世界：暴雨、江河泛滥、三角洲、湄公河，被水淹没的风信子……父亲先后做过中学校长和殖民地的公职人员，母亲是当地小学的教师。她有两个哥哥。杜拉斯的童年即与中国结下缘分，他们一家在夏天的时候坐上三天的火车，来到中国云南的山里避暑，杜拉斯清楚地记得她在中国山中的日子：她和两个哥哥在那里捉蛐蛐。1921年，父亲去世，家庭陷入相对困顿之中。母亲越发重要，她威严古板，是绝望的化身，《情人》中写道："有一个绝望的母亲，真可以说是我的幸运，绝望是那么彻底，向往生活的幸福尽管那么强烈，也不可能完全分散她的这种绝望。"

1924年，杜拉斯分别住在金边、永隆和沙沥。12岁那年，她读过《悲惨世界》和一些爱情小说，便萌发了想要写书的念头。16岁那年，杜拉斯遇见了一个中国男人，帮助她家渡过难关，成为她的第一个也是终身难忘的情人。当然，这并不一定是真相。也许这一履历和《情人》共同编造了杜拉斯的谎言，成就了杜拉斯传奇。17岁的杜拉斯回到巴黎读高中，她优雅迷人，并会测试自己的诱惑力，迷得周边的小伙子们晕头转向。1933年，19岁的杜拉斯在巴黎大学就读，漂亮而放荡，罗曼史层出不穷。

1939 年，她与罗贝尔·昂泰尔姆结婚，后者是她前一个情人的好朋友。1942 年，她认识了迪奥尼·马斯科洛，觉得他是“美男子，非常美的美男子”。随后两人相爱，半年后，玛格丽特引见迪奥尼认识了昂泰尔姆。她与马斯科洛生下杜拉斯唯一的子嗣——她的儿子让·马斯科洛。

1943 年，她参加莫尔朗（即后来的法兰西共和国总统弗朗索瓦·密特朗）领导的抵抗运动组织，密特朗这样回忆道：“1943 年，她很年轻、很漂亮，很有魅力，也常常施展她的魅力……是的，她就是这样，已经有一点我们在她身上都见识过的爱操控的个性，她统治着她的小世界，我们都愿意接受，因为我们爱她。”同年，她把自己的姓改成了父亲故乡的一条小河的名字——杜拉斯。我们现在称她为杜拉斯，就是在说一条河？

她性格鲜明，让人既爱又恨。她的朋友鲁瓦描绘了一幅她的肖像：“她个性莽撞，激情澎湃常常惊世骇俗，有无穷的迷恋、胃口、热情和惊喜，她有山羊的坚韧、花朵的天真、猫的柔媚……她不可模仿，既是可笑的女才子，又是拿着小砍刀、拎着小篮子去田间干活的淳朴农家女。”

她是一个永远充满欲望渴望爱情的女人，因此对她而言——年龄不是问题。1980 年，不到 27 岁的大学生扬·安德烈亚闯进了她的生活，而她已 66 岁，他成为她最后一位情人，一直陪她走完了 82 岁人生。她爱上了她的爱情，他爱上了她的书。而我们知道，扬是一个同性恋者。当杜拉斯带着扬到处抛头露面时，有记者提问："这总是您最后一次爱情了吧？"她笑着回答："我怎么知道呢？"直到1996年3月，杜拉斯与世长辞，人们才能确切地说她与扬的爱情真是杜拉斯的最后一次爱情。杜拉斯坦陈她的生活就是一部译制片，"剪辑糟糕，表演拙劣，粗制滥造，总之是个错误。"

对于杜拉斯的生活，我们的印象无外乎放荡不羁。但是事实上，杜拉斯的一生都用来写作、拍电影。对于写作的职业性，她视之甚苛："如果是作家，就要二十四小时都投身写作，否则就不是。"她时时体悟到作家的孤寂："写书人永远应该与周围的人分离。这是孤独。作者的孤独，作品的孤独。……在我孤独的这个最初时期，我已经发现我必须写作。"当写作成为一种生活方式之后，作品就肆无忌惮地吞噬了生活，这一点，在杜拉斯身上表现得尤为明显。

也许从15岁起（谁知道呢），对于玛格丽特·杜拉斯来说，除了写作之外，没有其他的道路可走，写作是她的"内心命令"、隐秘的召唤、激情的勃发，是一种迷人的声音和自身存在的标记，直到写作《情人》，她才确信这一点，即便在此之前她是如此自信地对待自己的写作。她认为："在体验《情人》时，我应该体验尚未定型的写作……就是那种头戴男式呢帽、脚穿舞会皮鞋的大胆和放肆。”

1983年，杜拉斯准备和儿子让·马斯科洛一起做一本书，这本书其实是关于她自己的一本相册。那些零落在生活和文章中的老照片对她而言非常重要，有几张少女时代的照片，她甚至认为“没有它就不可能生活下去”。当时这本书被命名为《绝对相簿》，为了让儿子开心，她要给自己一生杜撰一些传奇的文字，她要写一些东西，她试图寻找失去的时光，也许普鲁斯特启示了她。她奋不顾身地把试图淹没她的一切写下来。

杜拉斯想象着她一生中最为绝妙的照片没有被拍下来，“那张绝妙的照片，或许是不可能被拍到的，它并不惹眼。它并不存在，但它本该存在。它被忽略了，忘记拍摄了，没有清晰地留下来，没有被取走。”杜拉斯从缺失写起，从虚幻处入手。一切变得有了方向，她要找的，或许就是湄公河轮渡甲板上那个15岁少女的照片。“我认识你，永远记得你。那时候，你还很年轻，人人都说你美，现在，我是特来告诉你，对我来说，我觉得现在你比年轻的时候更美，那时候你是年轻女人，与你那时的面貌相比，我更爱你现在备受摧残的面容。”这是《情人》的开篇，这是杜拉斯的传奇。接下来，滔滔不绝（或者说絮絮叨叨）的宏阔叙事展开了，身份不定的叙述者追溯往事，真真假假，分不清哪些是现实哪些是虚构。杜拉斯沉浸在疯狂的写作之中，她感受一种前所未有的愉悦："我一直梦想行云流水的写作，但从来没有真正做到过，突然，在我只想准确地还原记忆别无他求的时候，我做到了，我感觉我做到了。"只用了短短三个多月，杜拉斯完成了《情人》。1984 年，一直出版塞缪尔·贝克特、罗伯-格里耶、克劳德·西蒙等新小说作品的午夜出版社出版了《情人》，11 月 12 日，它荣膺了龚古尔文学奖。有人说这是对她 1950 年小说《抵挡太平洋的堤坝》未获该奖的补偿，而我完全赞同龚古尔文学奖委员会的决定：它在最恰当的时机嘉奖给某位作家最高成就的作品。

如果实在要描述故事的话，《情人》就被破坏了，被撕裂了。假如故事梗概存在的话，也许可以这样说：小说讲了十五岁半的小女孩（请注意，她并一定是玛格丽特，她是叙述者，她是第三人称，她是第一人称，她是作者，她也是人物……）在回家的渡轮上遇到了阔少东尼。那时她家非常贫穷，母亲是小学教师，还有两个哥哥，大哥哥玩物丧志，几乎快把家败光。中国人东尼邀请她坐他的车，送她回家，年轻的她答应了邀请。叙述者用晦涩的手法描写了当时的场景，很快他们就陷入欲望之中，也许还有爱情，这说不清也道不明……中国情人替她的大哥哥还赌债，母亲不喜欢黄种人，但却因为钱而不再对女儿做太多干涉，以至于她不去上学，校方通知母亲并询问为什么时，母亲也隐瞒了实情……情人并不是《情人》的主题，写作是唯一的主题，时光是隐藏起来更为重要的秘密主题。

乐于打探作家隐私的传记作家们信誓旦旦地说，杜拉斯的中国情人真的存在过，他叫黄水梨，他家蓝色琉璃瓷砖栏杆的房子正对着河水。1991年，为了继续制造谎言或揭示真相，杜拉斯写作了《中国北方的情人》。她煞有介事地说："有人告诉我他已死去多年。那是在九〇年五月……我从未想到他已经死去。人家还告诉我，他葬在沙沥，那所蓝色房子依然存在。"这似乎又从侧面证明了中国情人的真实存在。但我们永远不要忘记，作为小说家，杜拉斯是一个谎话连篇的人。

为什么《情人》能成为广大读者的"大众情人"而被争相阅读呢？我想从文本和接受美学的角度而言也并不复杂。这是一个介乎于"我"的自传生活与"我"的写作故事之间的一种叙事，它在这两者之间游移不定，摇摆前进。作者、叙述者、"我"、作品人物身份均不明晰，这些故意的"含混不清"鼓励了读者继续探究甚至决心融入叙事整体的愿望。文本内外，写过的和生活过的世界，作家与作品交融过程中微妙的情感波动，这些因素共同作用，使《情人》形成了一种迷离的幻象，也使文本获得了巨大的张力。暧昧促使人们想象，多义也启动了读者猜疑和置入的热情。一方面，读者试图置入其中（男读者对应那个中国男人，女读者对应那个小女孩），但这一要求又是被排斥的，你会发现你常常被无情地丢弃在文本的旷野之上；另一方面，假如一个不喜欢胡思乱想的读者，他只是想做一个客观的冷漠观察者，他也很难得逞，因为杜拉斯似是而非的叙事又不停地来挑逗你、引诱你，让你进入她所创造的星球之中。这是一个完美无缺而又被隐藏至深的叙事策略，这一点甚至杜拉斯本人都没有清醒地意识到。这一叙事策略在冲突中实现了文本的推进，既肯定，又否定。它在现实和超现实之间迅速切换，有时它在坚实的土地上行走，有时它在天空中飞翔。这种策略，这种矛盾，使《情人》散发出无穷的魅力。

以《情人》中的话总结《情人》，我以为这句话再恰当不过了："我以为自己在写作，却从未写过，我以为自己在爱，却从未爱过，我什么事也没做，只是在关闭的门前等待。"《情人》完成了杜拉斯致命的一击……但是……如果，她能早一些领悟到《情人》呈现出的写作道路，她的成就实难估量。

《解体概要》：文学与哲学的双重书写

埃米尔·米歇尔·齐奥朗

如果让我推荐两本随笔集的话，一本是佩索阿的《惶然录》，另一本就是齐奥朗的《解体概要》。齐奥朗全名埃米尔·米歇尔·齐奥朗(Emile Michel Cioran)，《解体概要》中文版翻译家宋刚先生把他翻译为萧沆(为了吻合广大读者业已形成的阅读习惯，本文依旧沿用齐奥朗这一译名。)

齐奥朗的本质是趋向于决绝的对抗。拒绝必然的，反对因循守旧的……僭越成为他主要的表达，背弃那些属于别人和过去的……通过对自我的对抗，实现与这个世界的对抗。

他自觉地抵制模仿，“模仿导致滑稽”，语言、思想、样式……其他人无关要紧的说法……并成为不可模仿者。他的作品，是面对世界(但首先是自身)的交谈、争吵、谩骂、诅咒，是呓语、独白、忏悔、祈祷……

1911 年 4 月 8 日，齐奥朗出生在一个小山村中，它位于特兰西瓦亚南部地区，邻近古城锡比乌城，当时尚属奥匈帝国统治。他的父亲是罗马尼亚的东正教牧师。少年时期，他就读于锡比乌的一所中学，17 岁起，他开始慢性失眠，一旦失眠他只有读书或是在静寂空旷的夜晚街头漫步。锡比乌当时有三处名声在外的妓院，齐奥朗成了那里的常客，嫖妓的时候，口袋里装着康德的《纯粹理性批判》，还常跟同学、老师打照面。

1937年，在布加勒斯特，他获取了法国学院的用于专业研究的奖学金。他离开祖国，离开布加勒斯特，前往巴黎。从此，他成为一个没有国籍的人。他称当时的状况“对于一名知识分子最适合不过了”。

1937年至1949年在巴黎，他像一个一直不毕业的学生一样生活着：继续不停地申请奖学金，住在廉价的旅馆里，在大学食堂解决口腹之需。

1947年，他向伽利玛出版社呈送了法语著作《解体概要》的手稿。出版社准备出版。但随后，他又索回了文稿，对文稿进行了彻底修改——实施了多达四次的重写。他说，这是“我生命中最为艰难的任务”，好像穿上“紧身衣”一样，常常令他窒息。

直到1995年6月20日离开人世，他一直生活在巴黎，低调、谦逊，小心慎为。有时，靠翻译、抄写打点零工，以补贴家用。一直在写作。他这样描述他的生活：“我不谋生，勉强维持生计，我没想到过得更好。”

他总是怀疑，怀疑是他的功能性疾病。“我每天都进入我的怀疑就像其他人进入办公室。”他在日记中这样写道。怀疑是他对于自己的日常意见。而死亡作为幕后的提示者，一直站在他的后面。这种逼迫使他成为一位终身的失眠症患者……失眠是死亡的伟大使者，是催促他不断怀疑的执行官。死亡的作用是直接给予他以战栗。

他热爱孤独，拒绝荣誉。他自说自话："一些人追求荣耀；另一些人则追求真理。我冒昧地属于后者。一种难以完成的使命远比一项可以达到的目标更为诱人。向往人们的掌声——这多么可怜！"他宣称他身处"时间之外"。他像僧侣一样严守他孤独的戒规："将你的生活局限于你自己，或者最好是局限于一场同上帝的讨论。将人们赶出你的思想，不要让任何外在事物损坏你的孤独。"显然，他的孤独是他的一部分，是他在自我解体之时构建的另一个自我。

孤独的结晶体是他的写作，即便他对写作这一持久的事件抱有深深的怀疑，但这是他唯一的出口。"写作便是释放自己的懊悔和积怨，倾吐自己的秘密。"因为"作家是一个精神失常的生物，通过言语治疗自己"。他不得不依赖写作："假如没有写作本领，我不知道我会成为什么。"

他没有子嗣，因为他拒绝生殖。假如他有儿子的话，他说，"我的儿子无疑会成为谋杀犯"。他拒不接受生命的持续繁衍，"每一次新的受孕都是一次错误"。（亚当·扎加耶夫斯基）作家的繁殖体系都是单性繁殖的，像蒲公英或者飞蓬那样，作家的种子总是在地球上游荡、漂泊……会在某一个时刻，它悄然降落在某一位文学少年/青年的内心，日后分蘖出一位没有血缘关系的后裔。作家的文学基因就是以这种偶然的方式繁殖……有时，他们会绝后，也许齐奥朗正是这不幸事件中的一分子。

据悉，他的早年与君特·格拉斯一样被蒙上阴影，曾经作为罗马尼亚的民族主义者支持过法西斯主义的观点，他同情希特勒、参与铁卫军、有反犹倾向……谁都没有完美的过去，特别是面对不停变幻的道德准则。也恰是这段经历，使齐奥朗成为了齐奥朗：与母语说告别，与运动说告别，运用另外一种语言写作，走到自身和世界的深处打探、反思。

我们说他喜欢冷嘲热讽，倨傲不羁，而他只愿意说他愿意说的话。他说博尔赫斯的悲哀，这种被盛名所累的悲哀：

> 功成名就就是最惨烈的惩罚……当所有人都开始引用他的时候，你就没法引用他了，不然的话，就好像自己是在往他的“崇拜者”队伍里，添加他的敌人。

他为菲兹杰拉德感到惋惜：因为菲兹杰拉德的文学

理想竟然是为了获得诺贝尔文学奖……

他批判了瓦雷里——无数人心中的偶像(甚至也是我的),几乎是文学美德的化身。他似乎不无自嘲地说到他的批判文章——《瓦雷里面对他的偶像》:“瓦雷里以严谨使人入迷。任何心跳、任何过火都跟他的名字沾不上边。他只是失之高雅。我对他所作的不公正的评论出自一种不纯正的愤激,这是我应该在这里加以揭发的。”他指责瓦雷里追求清醒,过分强调意识,排斥神秘;他的要求是一个艺术家的要求,而不是一个诗人的要求,抬高艺术手段和技术而贬低禀赋……齐奥朗是极其过火的,但我们乐于接受,并给他致以掌声。

他是巴黎的真正隐士。“重返隐居生活!让我为自己创造一种孤独,让我用尚存的抱负和高傲在心灵中建起一座修道院吧!”他是这个过去的二十世纪里最为恬淡隐忍的人,他是西方版的陶渊明。

即便是隐士、沉默寡言者,他也需要朋友,齐奥朗与贝克特都是怪人,他们臭味相投。于齐奥朗而言,贝克特是个单独者,一个“丝毫不想表现自己,丝毫没有成功和失败的概念”的单独者。他还与他老乡戏剧家尤内斯库、诗人策兰交好。

《解体概要》是令人目眩的,是齐奥朗的代表性作品。它既是哲学沉思录,又是文学随笔集。它像高纯度的“海洛因”，让人欲罢不能。该书呈现了极其复杂的人生经验，它试图毁灭那些庸常的道德规范与人生法则，破坏我们根深蒂固的信念，“从心灵到肉体、从宗教到哲学、从出生到终结”，任何既定想法，都会在这《解体概要》的阅读过程中，全面解体。《解体概要》是齐奥朗的第一部法文作品，并获法国里瓦罗尔（RIVAROL）奖，当然这也是他一生中接受的唯一的文学奖。在巴黎写作《解体概要》时，齐奥朗写得很快，完全是一下子喷涌而出。但他重写了四遍，全部！删掉了很多东西。

全书采用片段式写作方式，具有反体系和反智性的双重倾向，帕斯卡尔给予齐奥朗持久的启发，他对帕斯卡尔怀有感激之情，他说：“他是片断的，你知道，他是片断之人。也是瞬间之人，在片断中有更多的真实。”苏姗·桑塔格以为齐奥朗是这样一种写作方式——“由结论开始，他就是从这里开始写。”他用于开头的正是别人用于结尾的……

说到风格，也许可以称他的写作是一种“暴戾文风”，对于拥有斯文心灵的读者尤为如此，他鞭笞我们墨守成规的道德准绳，他对我们虚伪而又孱弱的内心施虐。他以炫目的优雅和深刻折服了多变的巴黎人，他法文作品一经问世就为他赢得法语文学中最好文体家的桂冠，拒绝名誉的他被贴上了“二十世纪最卓越的法语修辞大师”

的标签。他是一个不可救药的完美主义者，他从未在法国的电视上或广播中露面或者发声，因为他无法忍受可能因为自己的发音错误（或不恰当的变音）而糟蹋法语，败坏他这个纯洁无瑕的法语文体家的形象。

他的写作是极端个人化的，依旧保留强烈的抒情色彩，可以把他看作一位决绝的诗人。他洞悉生命的真相是冲突，并认识到生命的局限性。“内在的丰富性源于自己身上所维持的冲突；而完全把握了自己的生命，却只知有外在的斗争和对外物的执着。”也许这是对佛陀既认同又怀疑的悖论态度，是对佛陀的新驳斥，一方面作为精神的人的丰富性并不是维系在恬淡平和之中，另一方面我们依然可怜地堕落于“外在的斗争”和“对外物的执着”之中。

“诗人如果在出逃之际没有带上自己的不幸，他就会是真实世界一个卑劣的叛徒。……诗人无法规避自己，也无法从他的魔障中心逃出。”策兰的命运多舛的一生和他被死亡赋格紧紧抓住的诗歌写作印证了齐奥朗。这两个人都是从布加勒斯特来的，后来在巴黎，这两个来自罗马尼亚的无国籍者相遇了，他们之间说得很少，以至于没有什么谈话内容见诸文字。

谈起齐奥朗，只有碎片，对于他的只言片语终会以解体收场。于他于我而言，虚无就是最后的一道光环。

《修道院纪事》:人类自由意志的颂歌

若泽·萨拉马戈

我所了解的葡萄牙语作家,除去费尔南多·佩索阿之外,就只有若泽·萨拉马戈了。萨拉马戈为向伟大的佩索阿致敬,写了一本小说叫《里卡尔多·雷耶斯死亡之年》的小说。里卡尔多·雷耶斯是佩索阿“异名体系”中的一位重要诗人,佩索阿为他设计的生平是:1887 年出生,比佩索阿大一岁,是现代社会的游离者,他热爱古典文学,曾经教过拉丁文,职业是一名医生。小说讲述的是诗人佩索阿去世后的第二年,也就是 1936 年,作为佩索阿所创造的诗人里卡尔多·雷耶斯如何度过他最后的岁月。小说中,雷耶斯在佩索阿死后从巴西回到了阔别已久的葡萄牙,住在小旅馆里,不再从事医务工作,整天坐着有轨电车到处溜达,在里斯本街头闲逛……线性时空被彻底取缔了:佩索阿不时地从坟墓里跑出来找雷耶斯闲聊,聊文艺时局、聊男人们的情感问题。小说的结尾是描写雷耶斯的死亡:雷耶斯和佩索阿聊着聊着突然站起来,穿上外套,平静地跟着以幽灵状态存在的佩索阿一起走进了坟墓。这种异地重逢,我称之为“另一种邂逅”,博尔赫斯的《另一个我》是一个典范。它可以使作者借助于时间历时性的消失去访问他喜爱的或颇感兴趣的艺术

家，从而使艺术家的行为与作品都蒙上不朽而神秘的光芒。艺术家在尘世生活中的艰难存在，毕竟可以得到小小的补偿，他们能够在梦境中（艺术创造时）自由地飞翔，卸下生活中各种令其难堪的重负。飞翔也许是我们永远追逐的主题，而本文所述的小说《修道院纪事》正属此列。

某种意义上，这部小说明白无误地展现了萨拉马戈的文学血统和精神谱系。他曾经说过，他视“卡夫卡、佩索阿和博尔赫斯”为二十世纪精神的最具代表性作家。《里卡尔多·雷耶斯死亡之年》正彰显了三位作家对于萨拉马戈的共同作用与深刻影响。

1922年，若泽·萨拉马戈出生在里斯本北部一个名叫阿辛尼亚加的村庄，父母是一贫如洗的无地农民，萨拉马戈并不是他父母的姓，而仅仅是其父系家族的一个乡土绰号，意为野莱菔花（一年或二年生直立草本植物）。萨拉马戈经常在访谈中提到一位“最聪明者”，即是他的外祖父。每天凌晨四点，这位外祖父猪倌就从简陋的小床上爬起，赶着六头猪去野外放牧。冬天，夜晚的寒冷会使水面结冰，他和老伴会去猪圈里抱出瘦弱的小猪，放进自己床上的毯子，用体温挽救这濒临冻死的生命。外祖父给他讲述了无数奇异荒诞的故事，在诺奖演说中，他深情地回忆起外祖父的离去：“外祖父走进了院子里，那里种着一些树，有无花果树、橄榄树。他走到每棵树跟前，挨个抱着它们，哭着说再见，因为他知道自己再也回不来了。目睹这一切，经历过这一幕，如果它不在你今后的岁月中留下什么印痕的话，你必定是个无情的人。”

萨拉马戈坦承：“虽然八九岁时我写过一个故事。我过着一个正常孩子的正常生活，但我不是一个特别好的学生。”当青年萨拉马戈开始在公共图书馆里、在夜间看书时，才遇到了文学。他看的书很杂很乱，毫无计划。他说，作为读者，他没有头绪地闯入了文学。在18岁的时候，他开始写作一些诗歌，它们质朴真挚。

由于经济困难，萨拉马戈在高中就中断了学业，从一所普通高中转到技校去念书——学习机械制造这样的实践课程。在成为一名全职作家之前，他做了一大堆不同种类的工作，其中包括汽修工。1940年开始在里斯本医院五金机械车间工作，其后，干过几个与此类似性质的技术及管理工作。1947年，他写出了第一部长篇小说《罪孽之地》。其后的19年间，他再也没有出版发表什么作品。1966年他的第一本诗集《可能的诗篇》问世了。直到1977年，他才出版了自己的第二本小说《绘画和书法指南》。在二十世纪六七十年代，萨拉马戈依然活跃在新闻界，做过一小段时间《每日新闻》的助理干事；而在经济特别拮据的时期，他靠翻译法语作品为生，后来长期在一家出版社工作。1980年，随着小说《于大地生长》的问世（尽管它是在1974年写就的)，萨拉马戈最终以小说家的身份建立起了自己的声誉。直到1981年，一个出版机构邀请他撰写一本关于旅行的书之后，他才正式从各种杂七杂八的职业中抽身出来，专门从事文学创作。而这时，他已经59岁了。是的，萨拉马戈的职业作家生涯几乎是从老年才开始的。2010年6月18日，萨拉马戈在西班牙加那利群岛的家中平静去世，享年88岁。葡萄牙政府亲自派飞机前往加那利群岛，将萨拉马戈的遗体接回祖国，并在里斯本为他举行国葬。

1998年，拥有2.1亿人口的葡萄牙语世界里，萨拉马戈成为唯一的一位诺贝尔文学奖得主。瑞典文学院称赞他的作品："以寓言的形式，通过持续的想象力、同情心和反讽，使我们对难以捉摸的现实产生领悟。"获奖作品是《失明症漫记》，它是一个关于人类理性的失明的隐喻。哈罗德·布鲁姆毫无保留地赞赏《失明症漫记》，认为它是萨拉马戈"令人吃惊和不安的作品。他那极具说服力的想象震撼人心，让读者深刻意识到，人类社会竟是如此脆弱、荒诞。这部作品必将永存。"

即便《失明症漫记》如此震撼人心，但我还是依据自己的喜好，我把萨拉马戈的《修道院纪事》置于最核心的位置。

修道院就是指马芙拉修道院，它位于里斯本北面一个叫马芙拉的小城中。这是一座巨大的巴洛克和意大利化的新古典主义修道院，它沿着一条中轴线对称修建。修道院建筑位于主立面后面。这座建筑还有一座大型图书馆，约有40,000册罕见的书籍。它曾是葡萄牙国王的行宫。由于宫殿规模极为庞大，使得小城相形见绌。

小说共二十五章，主要围绕两条清晰的线索展开叙事：

一是马芙拉修道院的修建，这也是小说的主要故事线索。葡萄牙国王若奥五世一直没有子嗣，由于方济各会的圣若泽修士承诺，若是修建马芙拉修道院，则国王一定会有子嗣。于是国王许愿：如果上帝赐他子女，他就会下令在马芙拉镇建造一座圣方济各修道院。后来他果然有了子嗣，为了履行诺言，他下令开始修建修道院。修士们在已知王后有孕在身而国王还不知道的情况下让国王许愿，几乎是万无一失地使国王得到了神的眷顾，顺利地拿到了一座圣方济各修道院。工程庞大而艰巨，在工程进展缓慢之时，国王又不顾实际情况盲目缩短工期，为了在既是生日又恰逢周日的时候见证修道院的竣工，国王提前了竣工的日期，让本已艰难的工程雪上加霜。他的横征暴敛使无数的家庭妻离子散、家破人亡，人民怨声载道。最后，只得在各项建设都没有实际结束之时就举行了祝圣礼，恭贺修道院的落成。

另一条线索是制造飞行器“大鸟”的故事。巴尔托洛梅乌·洛伦索神父是飞行器产生的最初动力，他博学多才、记忆力惊人，一个梦想加之对科学的探索精神使神父萌生了制造飞行器的念头，他是人类飞翔梦想的实践者。这一个故事占据了小说三分之二的篇幅。洛伦索有一个助手名叫巴尔塔萨尔（被称为“七个太阳”），他不幸在战争中失去了左手，后来奉命离开部队。在回家的路上，他目睹了全国各地的城市乡村和各个阶层人们的生活景况，痛不欲生，对国王不顾人民死活的行径感到深深地愤怒。后来巴尔塔萨尔遇到了布里蒙达（相对应的，她被称为“七个月亮”）。布里蒙达是一个具有特异功能的女人，她能看见别人看不见的东西。两颗心碰撞产生出了爱情的火花。洛伦索神父为他们举行了婚礼并邀请巴尔塔萨尔夫妇帮助他制造飞行器。

洛伦索神父在布里蒙达的特异功能帮助下，在迫害他的宗教裁判所的人到来之前飞上了天空。在遥远的苍穹，他们目睹了大地上人类的种种罪恶和灾难。后来洛伦索神父不知所终，巴尔塔萨尔则继续勤勉地照看和修理飞行器。某一天，他一不小心拉动了飞行器的布帆，又一次飞上了天空。妻子布里蒙达不顾千辛万苦寻找巴尔塔萨尔。经历了九年的漫长等待和孤寂后，布里蒙达终于来到一座教堂，看见宗教裁判所正在处死几个“罪犯”，其中就有她心爱的丈夫巴尔塔萨尔。

萨拉马戈从真实的历史出发，走向了一个纯粹的虚构世界。我们现在可以去马芙拉修道院去感受葡萄牙在大航海时代的繁荣，从史书中知晓宗教裁判所时代的黑暗与专制；但我们至今对于“大鸟”腾空的动力系统仍感惊奇：乙醚、琥珀和意志之间的吸引力，意志正是每个人体内的一小股密云，布里蒙达收集的意志达到两千个时，就能把洛伦索神父的机器推到空中。现实的生活是残酷腐朽、国王专制意志的体现，也是人类真实的生存境况；而飞翔的梦想恰恰正是要摆脱种种黑暗与专制形成的尘世重力，洛伦索神父的“大鸟”是人类自由意志的象征。

这里正形成了一种对抗关系，没有对抗就没有个人的位置。假如对抗彻底消失，那么艺术也将丢失它应有的位置。对于个人来说，想在对抗消失的情况下从事艺术创作也是不可能的。在对抗中，个人才可能取得位置。当我们确定了生活与作品、艺术与现实是一种对抗关系后，那么是否还存在一种另外一种关系——即它的反面：生活、作品、艺术、现实的和谐统一关系。在《修道院纪事》里，对抗获得了一种异乎寻常的宁静，这也正是萨拉马戈小说的艺术。

最为主要的，我要说《修道院纪事》是一部关于人类飞翔的主题小说。当然，《修道院纪事》也不仅是关于人类飞翔与梦想的故事,一首关于自由意志的伟大颂歌,同时也是一曲爱情的哀歌,作者说它“是个爱情故事。说实话,如果可以的话,这其实是个美丽的爱情故事。但是直到故事临近尾声了我才意识到我写了个没有‘爱’这个词语的爱情故事。”小说的最后一节这样写道:“‘七个太阳’巴尔塔萨尔的意志脱离了肉体,但没有升上星空,因为它属于大地,属于布里蒙达。”

《玫瑰的名字》：迷宫的魅惑

上帝的手是用来创造而不是用来隐藏。

——艾柯《玫瑰的名字》

安伯托·艾柯

如果非要把安伯托·艾柯捧为至尊小说大师，我想是没有必要的。但他同时是哲学家、符号学家、历史学家、文学批评家，这就很难有人与之匹敌了。他现已作古，作为一个知识分子综合体，在文化界的影响力越发隆盛，这一点毋庸置疑。

艾柯是个精力充沛者，除去偶尔生病之外，每一天的日程都被研究或者写作所占据。他的世界辽阔而多重，不光有随笔、杂文和小说，还有大量论文、论著和编著，竟然有 140 部之多，囊括中世纪神学、美学、文学、大众文化、符号学和阐释学等多个领域。艾柯写过四部长篇小说，分别是《玫瑰的名字》《傅科摆》《昨日之岛》和《波多里诺》。而《玫瑰的名字》一经问世，便从书中冒出说不完的话题，诠释与过度诠释更是俯拾皆是。

1932 年，艾柯生于意大利西北部的亚历山德里亚，这个小山城有着不同于其他地区的文化氛围，更接近于法国式的冷静平淡而非意大利式的热情奔放。父亲嗜书如命，小时候的艾柯就读了许多漫画以及奇幻小说。他在祖父的地窖里发现一套传奇杂志《海陆旅行探险画报》，如获至宝，里面都是发生在异国他乡的奇怪而残忍的故事。二战期间，少年艾柯钦佩墨索里尼的领袖风范，和当时的所有意大利学童一样，他加入了法西斯青年运动。他曾目睹过法西斯军队和游击队的枪战。有一次，为了躲避一颗子弹，他从树上跳到地上。他也曾目睹了盟军轰炸他的家乡亚历山德里亚。

在十五六岁的时候，艾柯尝试着写诗，他觉得那时写诗好比自慰，他后来说："我的诗歌和少年的青春痘一样，有相同的功能起源和形式结构。"

众所周知，意大利是天主教的中心。艾柯接受的也是天主教教育，他还在圣方济各修会做过一段时间的修士。在大学期间，他被中世纪的学术思想和早期的基督教神学深深吸引，并主持了一个学生团体——天主教行动青年团。他深入研究著名经院哲学家、被称为"神学之王"的托马斯·阿奎那的学术思想，并着手写作一篇关于托马斯美学的毕业论文。但在完稿之前，发生了一件政治事件，艾柯的团体被当时另一个被教皇庇护的右翼组织指控为异端和共产主义分子。他的信仰遭受严重危机，他与该组织决裂了，并把兴趣转向了詹姆斯·乔伊斯。即便这样，艾柯依然不改对中世纪的热情和对托马斯的挚爱。在他看来，中世纪不是黑暗时代，而是一个光辉灿烂的时期，是迸发出文艺复兴的富饶土壤。

1978年，艾柯已经48岁，他已经成为诸多领域里的著名学者了。有一天，一个朋友告诉艾柯他们出版社正在策划一套由业余作者来撰写的小型侦探小说丛书，想邀请他来写一个。他漫不经心地对朋友说："我压根就不会写什么侦探故事，但如果要让我写的话，一定是本五百页厚、以中世纪僧侣为人物的书。"那天回家后，艾柯的思绪便不再安分，他内心的中世纪突然跳了出来，他虚构了一个中世纪僧侣的名单。随后，他的脑海出现了一个僧侣被毒杀的画面。这一画面在艾柯那里成为一股不可抑制的冲动。除了写作激情的冲击之外，他还拥有百科全书式的渊博和后现代主义的多种武器。他在酝酿写作《玫瑰的名字》时，当然不知道亚里士多德的《诗学》中著名的已散轶的喜剧卷宗中的内容，因为没有人会知晓。然而，在写作过程中，他通过某种方式竟然发现了它们。侦探小说中的疑问同时也是哲学上的核心问题：谁干的？一个凶手的画面加上一个可以尽情展开的追问，艾柯开始摩拳擦掌，决定一试身手。他开始动手写他的第一部小说——《玫瑰的名字》。艾柯承认，书名的灵感来自莎士比亚，因为《罗密欧与朱丽叶》的另一个名字便是《另一朵玫瑰》。

小说的开篇是一个序，说作者得到一部叫《梅尔克的修士阿德索的手稿》的书稿，此手稿先是拉丁文，后被翻译成法文，"我"又把它翻译成意大利文。而原稿几经辗转，已离奇丢失。小说家的好处就是可以毫不羞耻地撒谎，谁也不会责备你。在博尔赫斯那里，虚拟文本以假乱真且数不胜数。艾柯第一次就出手不凡，脸不红心不跳，写得煞有介事，可谓无中生有，却又胆大心细。仅凭这一点，艾柯在小说领域就是个专业选手，并非业余作者。

故事发生在十四世纪，也即是艾柯挚爱的中世纪，当时教权与王权、贵族与平民、信仰与理性正处于复杂的斗争状态，威廉修士带着见习僧阿德索来到意大利北部的一所修道院，为即将召开的高层会议做准备。就在他们抵达的前一天，修道院里发生了一起离奇的凶杀案。以精于推理驰名的威廉修士受修道院院长的委托，进行凶案调查，以期找出元凶。整个故事发生在七天之内。而在以后的几天中，每天都有新的离奇血案，死亡事件发展为一系列的连环杀人事件，并且牵涉到修道院中隐藏的一个大秘密……已经被异端和欲望控制的修道院，气氛变得日渐阴森恐怖，上下谣传着恶魔降临的消息。威廉从《圣经·启示录》推测凶手获得杀人的灵感，他把注意力集中于修道院的藏书馆。凭借对《圣经》与神学的渊博学识，对于符号及其象征意义的深刻理解，凭借在哲学、文字学、版本学、自然科学等方面的深厚造诣，威廉发现了真凶，揭开了谜底。

小说的主人公是威廉修士，精明博学，还有敏锐的洞察力和严谨的推理能力，他曾经是臭名昭著的宗教裁判所审判官，由于正直善良、开明智睿而跟当局格格不入，被剔除出裁判所。在那个时代，任何质疑宗教裁判所的人都被视为异端。后来他成为圣方济各修会的修士。

小说中有一个核心建筑，就是迷宫式藏书馆，这里有繁复的路径、数不清的珍本古籍，还有神秘出现的镜子，通过符号解密的密码机关……小说中有一个最重要的人物，也正是一个隐藏在幕后的凶手，修道院的实际控制者，就是这个藏书馆的守护者盲修士豪尔赫。这位豪尔赫，显然是对博尔赫斯的戏谑性描述。而复杂的迷宫、交媾的镜子、浩渺的图书馆和双目失明的馆长正是我们印拓在博尔赫斯身上的符号。毫无疑问，修士豪尔赫来源于豪尔赫·路易斯·博尔赫斯。在《〈玫瑰的名字〉注释》中，艾柯像恶童得手一桩恶作剧一样，得意扬扬地说："所有人都会问为什么要用豪尔赫这个名字影射博尔赫斯，为什么豪尔赫又这样存心不良。我不知道！我需要一个看守图书馆的盲人，而图书馆加上盲人，只能产生博尔赫斯。"

确实这个豪尔赫"存心不良"，他仇恨笑声，他以为笑声会抹去恐惧，没有恐惧就没有信仰；没有对恶魔的恐惧，也就不再有对上帝的需要。他要保护一本禁书，不希望被他人阅读，因为这本书可能会摧垮整个神圣的基督教世界，而这本书就是亚里士多德的《诗学》下卷。他希望保存现有的信仰、知识和世界秩序，而竭力阻止他人探寻未知世界、质疑上帝的合法性。

艾柯是一位知识狂人，他毫不掩饰地炫耀自己渊博的学识。这一点激起了绝大部分写作者的羡慕嫉妒恨，即便像我这样不把艾柯当回事的写作者，也常常嫉妒不已。颇为有趣的是，在小说中，阿德索和那个农家少女发生关系时，艾柯写的并不是做爱本身的感受，跟《尤利西斯》《查泰莱夫人的情人》中的性描写几乎无法相提并论，他描写的是一个年轻僧侣如何通过他的文化感知力来体会性。他拼贴了五十多种不同的神秘文本，包括《圣经·雅歌》的节选，来描述他们狂喜的高潮。在整整两页多的性爱文字中，几乎没有一个词是出自艾柯自己之口。可怜的阿德索只能通过他吸收的文化来理解性。

在根据小说改编的同名电影中，阿德索品尝了"玫瑰"的滋味，然后问他的老师威廉修士。而威廉的回答真是意味深长："没有爱的生活多平静，多安全，多稳定，又多枯燥啊！"

艾柯是无可争议的符号学大师，"玫瑰"自然也不可避免地成为一个符号，读者自然会对其进行猜测与阐释。他本人说："玫瑰，由于其复杂的对称性，其柔美，其绚丽的色彩，以及在春天开花的这个事实，几乎在所有的神秘传统中，它都作为新鲜、年轻、女性温柔以及一般意义上的美的符号、隐喻、象征而出现。”在小说文本中，最为直接的提示“玫瑰”存在的是阿德索和农家少女的爱情，当然也隐秘地包含了性爱。阿德索写道：“这是我毕生唯一一次世俗的爱，而自那时直到现在，我还是叫不出那个女孩的名字。”在小说快要结束的时候，艾柯毫不含糊提及了“玫瑰”，阿德索写下：“第一朵玫瑰的名字，揭示了一切。”

艾柯明白无误地表达过：他创作的小说就是他的自传。作为艾柯《开放的作品》《阐释与过度阐释》的读者，我也毫不客气地拿起他制造的长矛，戳一戳《玫瑰的名字》中的人物与艾柯本人之间的关系。我狭隘又略带偏见的过度阐释如下：智慧博学的威廉显然是艾柯的镜像之一，清朗开明，哦，还富有幽默感；而那个理性邪恶、恪守秩序、学识渊博的豪尔赫同样也是艾柯本人的另一个镜像，阴郁保守；那个初尝第一朵玫瑰的阿德索何尝又不是青年艾柯的一个镜像呢？天真热情，活力四射，小心翼翼而又心潮澎湃。

卡尔维诺认为“现代小说是一种百科全书，一种求知方法，尤其是世界上各种事体、人物和事物之间的一种关系网”。艾柯繁复风格的开端就是《玫瑰的名字》，它无疑是匹配这种文风的百科全书式小说，一部试图包罗万象的小说。小说作为艺术遭遇到最大的危险，也正在此处。作品越倾向于各种可能性的繁复化，便会离开核心即作者的“初心”、内心真诚的声音和他对自身真实的发现。因而，从这一意义上讲，我对艾柯的小说持保留意见。

《玫瑰的名字》是一朵光怪陆离的中世纪玫瑰，它那么遥远，又那么神秘。小说的最后一句话是“我留下这份手稿，不知道为谁而写，也不知主题是什么”，外加古老而神秘的谚语（拉丁文）：“昔日玫瑰以其名流芳，今人所持唯玫瑰之名。”掩卷而思，余音缭绕矣！

《裸者与死者》：一部美国小说

诺曼·梅勒

我不认为诺曼·梅勒是一位伟大作家，但却是典型的美国大作家。他留下多姿多彩却又荒诞不经的一生和那个时代不可忘却的作品，似乎再也找不出一位作家比他更美国了。在同时代的美国作家，诸如纳博科夫、索尔·贝娄、约翰·厄普代克、约瑟夫·海勒、托马斯·品钦、冯古内特等人中，他占有一席之地，与这些名字并列足以让他熠熠生辉。梅勒在80岁时曾迟疑地谈到他的文学地位："确实有一些作家，他们伟大得让人永远无法将其抛弃。我不属于这个类别。我可能会不朽，也可能不会。"

而在年轻时代，诺曼·梅勒可没这么谦逊，他可是个自吹自擂的高手。他豪气干云，他的名言是他会写出一部"让陀思妥耶夫斯基、乔伊斯、司汤达、托尔斯泰、普鲁斯特、福克纳，甚至老朽的海明威都要去读"的小说。显然，这个牛皮吹得有点大。但是，他毕生视写作为英雄般的事业，不仅苛求自己与同时代的同行竞争，他还要甩开索尔·贝娄，也把自己视为托尔斯泰和陀思妥耶夫斯基式的人物。

希望写出一部伟大的美国小说，这是诺曼·梅勒宏伟美国梦的最主要部分。

好莱坞电影《声名狼藉》中有一个场景，作家杜鲁门·卡波特在跟社交名媛芭比·佩利谈论克拉特一家被杀害的案子，芭比问："你去谋杀犯的牢房时不害怕吗？"卡波特回答说："怎么说呢，不像跟诺曼·梅勒见面那么可怕。"在另一部电影《工厂女孩》的开头，安迪·沃霍对忏悔室的教士说，"我正跟这个朋友说话。诺曼·梅勒走过来一拳打在他的肚子上，我当时很难过，想：为什么诺曼·梅勒揍的不是我？"

他们大大方方地讽刺梅勒，而他本人确也名副其实。梅勒不光彩的品行在美国大众中已然家喻户晓。他的名声跟性与暴力息息相关，他玩弄女人、斗殴、酗酒、吸毒。在公众眼里，他那喧嚣暴烈的生活做派似乎是高高凌驾于他的文学声名之上。他一生结婚六次，"亲自"生育孩子九个，他洋洋得意地说起自己的婚姻："这就好比在六个不同国家，六种不同的文化生活。因此，假如你在巴黎过了八年生活，然后继续搬家的话，你就别说'我恨巴黎'。"他与纽约《旗帜晚报》著名记者珍妮·坎贝尔一见钟情，结为夫妻。坎贝尔放荡不羁，全盛时，她是万众瞩目的纽约社交女皇。然而，他们的这段婚姻仅维持了一年时间。多年之后，梅勒还称赞坎贝尔是"女人中的极品"，"一个能够吸引男人眼球却又精于权谋，同时也让人永远难以忘怀的女人"。

在一次酗酒后，他用“一把肮脏的三英寸小刀”刺进了第二任妻子阿黛尔的身体。但是面对记者，阿黛尔拒绝对梅勒提出指控，因而梅勒最终获判缓刑。他同作家戈尔·维达尔一起参加电视节目，一言不合，他就打爆维达尔的头；而可怜的维达尔真是豁达大度的哥们儿，在被痛揍的同时仍旧无法讨厌梅勒率真的天性，他为梅勒辩护说，“他的坏毛病反而为他的纯良本质加了分”。维达尔说的确是实情，尽管梅勒缺点无数、劣迹斑斑，他的朋友们还是喜欢围在他身边。

在喧嚣的时代里，他甚至在扮演着一个叫“诺曼·梅勒”的角色，他到五角大楼前游行抗议越战，他两次竞选纽约市长，竟然是为了把纽约设为美国第51个州。他短命而失意的政治生涯与他的电影导演生涯一样糟糕透顶，甚至还夹带些许荒唐。

《华盛顿月刊》讽刺梅勒是美国文学界的麦当娜，“他可以很迷人，可以是个怪物，也可以是个卓越的小丑。”可以说，梅勒倾向于自我表演，在与新闻界的合谋下共同缔造了自己的“坏男孩”形象。

不管梅勒的生活是如何地荒诞不经，他本质上是一位作家，他把自己一生都献给了写作，他一辈子写了十三部大部头的小说，两获普利策奖。

有时，他刻薄，但很机智。他说，为什么恐怖分子可恨？因为人们深信自己会死得有意义，可是恐怖分子却毁掉了这种信念。2007 年，梅勒出版了他的最后一本书——政论文集《关于上帝》，他把上帝描绘成一个“有美感、经常成功但也可能在一些时候显得无能为力”的形象，这正是梅勒自我总结的个人镜像。你喜不喜欢梅勒已经不重要，这一年 11 月 10 日，他已永远离开这个他爱恨交加的尘世，留下的是关于他的流言蜚语，他作为一名作家的种种传奇。小说家艾瑞克·塔罗夫说得挺好：“他是美国文学的疯叔叔，既可爱又可恨，既优雅又粗野，既精明又无能，他是自己最伟大的崇拜者，也是自己最糟糕的敌人。”

1923 年 1 月 31 日，诺曼·梅勒出生于新泽西的长枝镇，是家中的长子。9 岁时，他尝试写下 250 页的小说。从纽约布鲁克林的一所中学毕业后，梅勒进入哈佛大学学习航空工程学。在大学里，他的兴趣转向文学，立志做一名作家。

1941 年 12 月 7 日清晨，日本军队偷袭珍珠港，太平洋战争正式爆发。在哈佛大学里的梅勒也被这个消息震动了。1942 年的夏天，梅勒在波士顿的一家精神病院打了七天暑假工，以此为素材创作了短剧《裸者与死者》。此时，第二次世界大战的战火已全面铺开，太平洋战争爆发后，美国也投入了举国之力，参加到反法西斯的大战中。他开始酝酿一个更大的创作计划，他试图创作一部长篇小说：这将是跟欧洲战场或太平洋战场有关的小说，这将是跟美国人在战争中的存在状态休戚相关的小说。

1944年，他应征入伍，他希望作为第一波攻击部队前往欧洲，但他却被送到了南太平洋。梅勒先后在菲律宾莱特岛、吕宋岛和日本服役。他当过文书兵、架线兵、炊事兵、侦察兵和空中摄影师。当然，莱特岛和吕宋岛是两个交战最为激烈的战场。

我们必须注意到，进入战场后梅勒正为他的小说收集尽量多的素材、获得尽量多的战争体验。他志愿到一个侦察排里去当侦察兵。而《裸者与死者》的主要人物也大多在侦察排，主要故事主线即是侦察排在后岛跋山涉水的长途侦查。这些有意为之的孕育和上天的巧妙安排为梅勒写作《裸者和死者》打下了坚实的基础。

1946年5月，梅勒退伍了，回到位于马萨诸塞州东南部科德角普罗文斯敦的家中。他先是在邻镇特鲁罗的海边租了间小屋，6月底开始《裸者与死者》的写作。这本厚厚的小说仅仅花费了梅勒几个礼拜的时间。23岁的他身强力壮，充满活力，他的脑子里只有那场战争和那本书。

他几乎不需要再作新的准备，整本书都装在他的脑子里，他一气呵成，一个夏天写了两百多页。

故事被安排在称为安诺波佩的热带小岛上，该岛位于赤道以南的南太平洋。梅勒通过两条平行的线索铺展复杂的情节和人物。一条是侦察排里的士兵，一条是指挥部里的军官。两条线索并行发展，相互影响、前呼后应，按照作者的意图交叉发展，朝着一个看起来明朗清晰实质又晦暗阴鸷的方向推进。

有人认为《裸者与死者》是一部描述战争与权力的小说，事实上，这仅仅是它的皮相。它是一部完全写“人”的作品，写战争状态下人的存在。战争取消了人的个体性存在，使他们成为战争机器的一部分。战争是放大镜，也是显微镜，它放大了人性中恶的一面，同时也凸显了人性中微弱但极其珍贵的善。让我们看看梅勒勾画的人物谱吧：

上士克洛夫特心狠手辣，凶悍跋扈，是一个权力崇拜者、一个弄权的阴谋家，胸无半点文墨，却深得上司赏识，爬进军队的军官阶层是迟早的事。他是战争机器的具体执行者、恶魔的化身，在他的身上呈现的是法西斯主义的影子。

侯恩少尉是梅勒给予深厚情感的人物，他虽然对于权力与恶行多次妥协，但他渴望能保持自己个性的完整，捍卫自由平等的理想。侯恩无论是在其个人生活还是政治倾向上，都是一个足以和卡明斯、克罗夫特相抗衡的人物，是抗击他们法西斯力量的有力抵抗者。侯恩游离于过去和现在、想象与现实之间，作者通过侯恩的矛盾心理和人格分裂体现出他的存在。最终，他还是被克洛夫特阴谋害死，残酷的命运让人唏嘘不已。

卡明斯少将表面上精明强干，精于管理和军事指挥，骨子里却是个法西斯主义者。他崇尚强权，他认为美国未来唯一的道德就是权力的道德。他随意辱骂下属，容不得任何与自己想法相悖的思想和言论，他在军队建立了恐怖的官僚体制，足以摧毁他们的独立人格和自由思想。可以说，卡明斯是意识形态上的法西斯主义者，而克洛夫特则是这种法西斯主义的具体执行者。

中士布朗体型臃肿，满脸雀斑，随便混混日子；列兵史坦利是个小爬虫，一心往上爬；列兵威尔逊无所事事，成天想女人……

小说着力表现了各种人物的性格纷呈和相互关系，他们的生活经历和他们在战争中的表现与命运……梅勒试图揭示一种超越战争本身的象征意义，他写到了复杂多变的人性，写到集权的官僚体制，写到藐视人权、践踏人性的可怕前景。小说中所有人都是“裸者”，他们裸露他们或肮脏或高尚的心灵；他们一并成为“死者”，要么肉体灭亡，要么灵魂毁灭。

电影《巴顿将军》中的巴顿可谓斗志昂扬、骁勇善战，看得我们热血沸腾，肃然起敬。可以说，巴顿是真正的美国英雄。而《裸者与死者》中无论是将军还是士兵都无法与英雄沾上边，可以说他们的所作所为是站在英雄的反面。这些人都是失败者，他们有的丢命，有的丧失自尊，有的失去自我。有人评论该书是极端悲观主义的，令人绝望。梅勒对于悲观主义的论调并不赞同，他说："人尽管是堕落了、变态了，然而胸中还是向往着一个比较光明的世界。"

作为顶级批评家，哈德罗·布鲁姆对于梅勒有着复杂而善意的情感，他奉上一个典型的美国人的评价："梅勒现在声名显赫，无疑有一天会被遗忘，但还会再回来，那时候他将成为他的年代道德良知的历史学家，是他那一代作家的代表。"

对于中国读者而言，他是一份典型的美国派，《裸者与死者》是一部实实在在的美国小说。

他的别名，埃斯特温

——纪念马尔克斯

加西亚·马尔克斯

春雷阵阵，顷刻间，大雨如注。

坐在书桌旁的我在想，在瑰丽奇幻的拉丁美洲大地上，有一位老人正渐渐地消失在地平线上，留在我们瞳孔中的是他倔强而孤寂的背影。

这位老人叫加西亚·马尔克斯，一个写了一辈子小说的哥伦比亚人。

世界很大，大不过他的马孔多；世界很小，小得只像他的马孔多。他写下这样一个散发出浓郁经典气息的开头："许多年之后，面对行刑队，奥雷良诺·布恩地亚上校将会回想起他父亲带他去见识冰块的那个遥远的下午。"马孔多一下子就扑面而来，并且顽固地占据了我们内心文学领地中最主要最耀眼的位置，就像他的导师——卡夫卡写的那个开头一样妙不可言——一天早晨，格里高尔·萨姆沙从不安的睡梦中醒来，发现自己躺在床上变成了一只巨大的甲虫……

2014年4月17日，死亡战胜了他的独孤，而他的马孔多战胜了死亡和时光。他就像他的那个"世界上最美的溺水者"一样——漂亮的傻瓜死了，但是"他们将在房前墙上涂上明快的色彩，借以永远纪念埃斯特温。他们还将凿开岩层，在石头地上挖出水源来，在悬崖峭壁上栽种鲜花，为了在将来每年的春天，让那些大船上的旅客被这海上花园的芳香所召唤”。在加勒比海地平线上满是玫瑰花的海角，用十四种语言说道：“你们看那儿，如今风儿是那样平静，太阳是那么明亮。连那些向日葵都不知道此刻该朝哪边转。是的，那儿就是埃斯特温的村子。”他就是“埃斯特温”，他是“世界上最美的讲述者”。

热爱成就了他作为作家的职业性，他认为，除了写作，世界上没有任何事物能使他更加喜爱。童年给予他信心。多年以后，马尔克斯回想起自己1950年回乡的那段旅途，依然感慨万千。他说：“前往阿拉卡塔卡的那一趟旅程，真正使我领悟到，童年的一切都具有文学价值。从写《枯枝败叶》的那一刻起，我要做的唯一一件事，便是成为这个世界上最好的作家，没有人可以阻拦我。”他谦逊地感激这个世界。早在1999年，他就患上了淋巴癌，他写了一封给读者的告别信，他谈道：“我能够从你们身上学到的东西是如此之多，可事实上已经意义寥寥，因为当人们将我殓入棺木时，我正在死去。”谈起生活，他借上校之口大发感慨：“对，生活是人类发明出来最好的东西。”（《没有人给他写信的上校》）

他说，写作不是为了金钱，也不是为了成就事业，而是为了让他的朋友更喜欢他。他说得实在，他的写作同党博尔赫斯则说："我写作，不是为了名声，也不是为了特定的读者，我写作是为了光阴流逝使我心安。"马尔克斯似乎在为朋友们忙，博尔赫斯却为自个儿忙。这两位作家是否说了实话，谁知道呢？

哦，天哪，为了达到这个目的，他成天殚精竭虑，借助于上天赏赐给他肆无忌惮的想象力，不停地编织着他自己也认为可能是光怪陆离的故事，然后呢，学着他的外祖母：一本正经不动声色地讲述那些令人难以置信的传说。毫无疑问，他是一位理想主义者，他的生活方式，他的写作方式，已然成为一种不朽的存在，轻而易举地穿越了当代社会所崇尚的价值体系藩篱——那种物质式的快餐式的速朽生活观。他所做的一切也许过于传统，也许过时了，但这种"过时的时尚"无论是于他自己还是作为普通读者的我们而言，都是如此的密切相关，是深入精神与心灵的，是连接世界与生命的行动。

他总不肯停下脚步，他聆听来自灵魂深处的声音，他写啊写，不停寻找和构建属于他的独特世界。人们习惯给他贴上一张"魔幻现实主义"的标签，认为他的写作是有他自己一套的方程式。可他大张旗鼓地反对这种教条主义。不错，也许真是如此，但事实上他是一名对世界充满好奇的孩童，一名激进的文体革命家。他说："我始终在进行试验，小说创作的乐趣就是探索、成功和革新。所以，我的文学理论每天都在变化。我没有什么固定的公式。……教条主义是反动的。”同样细节，他绝不会用同一种写法写上两遍；同一个故事，他得用他认为足够多的视角来展示。在这方面，他不厌其烦，乐此不疲。

某种意义上，马尔克斯是“埃斯特温”，同时还是蹀躞羽翼的折落天使——那位在他作品《巨翅老人》里的被人嘲笑和嫌弃的天使。不过现在，“他终于飞起来了”。只留下他的巨大羽翼投射在我们这个尘世中的阴影。